POESÍA F
HISPANOÁRABE

BIBLIOTECA DE ESCRITORAS

POESÍA FEMENINA
HISPANOÁRABE

Edición, introducción y notas
de
MARÍA JESÚS RUBIERA MATA

EDITORIAL CASTALIA
INSTITUTO DE LA MUJER

Copyright © Editorial Castalia, S.A., 1989

Zurbano, 39 - 28010 Madrid - Tels. 419 89 40 - 419 58 57

Cubierta de Víctor Sanz

Impreso en España. Printed in Spain
por Unigraf, S.A. (Móstoles) Madrid

I.S.B.N. 84-7039-569-6

Depósito Legal: M. 20.554 - 1990

SUMARIO

Introducción

La situación de la mujer hispano-árabe, la mujer musulmana de al-Andalus, era la de la alienación del velo y el harén que tan bien ha definido Germaine Tillion al hablar de la musulmana norteafricana: *Podemos constatar hoy que la distribución geográfica del velo y el enclaustramiento corresponde más o menos a la observancia coránica en materia de la herencia femenina. Bajo la apariencia de una sumisión devota, más bien parece una protección, una última barrera, levantada contra los daños operados en el patrimonio de las familias endógamas por la obediencia religiosa; sin embargo no corresponde al máximo de alienación. El máximo de alienación se encuentra en las poblaciones mutantes, es decir destribalizadas por una sedentarización o una urbanización recientes.*[1]

Este es el caso de al-Andalus, la *Hispania* musulmana, sociedad arabizada e islamizada, pero en un acelerado proceso de destribalización y urbanización. Es el caso de las mujeres de las clases superiores de al-Anda-

1. Germaine Tillion: *Le harem et les cousins*, Paris, 1966, p. 178.

lus[2], señoras de las familias principales, recluidas en sus alcázares, que se enamoran de oídas de sus parientes varones, según Ibn Ḥazm[3] y que sólo se liberan de velo y enclaustramiento cuando son hijas únicas o sin hermanos varones, y permanecen solteras, como las poetisas Wallāda la Omeya y Ḥafṣa ar-Rakūniyya, hijas únicas y solteras, que así se libran de desaparecer literalmente tras un velo[4], al contraer matrimonio.

Esta alienación indudable parece contrastar con la libertad de movimientos de la que gozan determinadas mujeres en la historia de al-Andalus y que ha hecho suponer a muchos que su *status* era diferente a la de la musulmana oriental y magrebí.

Aparte de una posible tradición hispánica indoeuropea de línea matriarcal[5] y, curiosamente, otra del mismo sentido, que se produce entre los beréberes[6], creemos que esta relativa libertad femenina estuvo fundada en la no-existencia de la causa directa del enclaustramiento: la carencia de una problemática patrimonial familiar, bien por la ausencia de hermanos varones o simplemente por la falta de una herencia a repartir. Hay mujeres sin patrimonio familiar, que han de ayudar a la economía doméstica, y las esclavas, es decir, las muje-

---

2. Manuela Marín: "Las mujeres de las clases sociales superiores. Al-Andalus, desde la conquista hasta finales del Califato de Córdoba". *La mujer en al-Andalus. Reflejos históricos de su actividad y categorías sociales. Actas de las Quintas Jornadas de Investigación Interdisciplinaria*: I. *al-Andalus*, Madrid-Sevilla, 1989, pp. 105-127.

3. *'El collar de la paloma'*, traducción de Emilio García Gómez, Madrid, 1967, p. 118.

4. Marín: *op. cit. supra*, p. 125.

5. María Jesús Rubiera: "El vínculo cognático en al-Andalus". *Actas del I Congreso de Historia de Andalucía* (1976), Córdoba, 1978. I, 124.

6. H.T. Norris: *The Berbers in Arabic Literature*, Londres-Nueva York, 1982, pp. 10-11.

res integradas en el sistema de producción y no sólo de reproducción[7]. Son seguramente estas mujeres, sin herencia o sin varón, las que pululan por las ciudades andalusíes como Sevilla y pasean a orilla del Guadalquivir o en barca por sus aguas, escuchan a los contadores de cuentos o a los que dicen la buenaventura en sus tiendas, acuden solas a los cementerios de forma que éstos se convierten en lugares de lenocinio, lavan la ropa en el río o en los huertos, y practican diversos oficios además del más antiguo del mundo[8], algunos de los cuales suponen trato con las gentes y callejeo, lo que permite su uso en tercerías, oficios femeninos que enumera Ibn Ḥazm: médico, sangradora, vendedora de hierbas, peinadora, plañidera, cantora, adivinadora, maestra, mandadera, hilandera y tejedora[9]. Estos oficios femeninos perduraron a lo largo de los siglos ya que en su mayoría fueron también ejercidos por las moriscas (S. XV-XVI)[10], con otros no mencionados por Ibn Ḥazm ya que no eran suceptibles de ser doblados en tercerías: comadrona y amortajadora. También hubo mujeres en al-Andalus, doctoras de la ley o alfaquíes, y pendolistas[11], aunque dada la frecuencia con la que las mujeres ilustradas hispano-árabes se dedicaban a copiar coranes , parece una ocupación de ocio de gran dama, ya que la costura y el bordado son oficios dentro del sistema de

7. María Jesús Rubiera Mata: "Oficios nobles, oficios serviles". *La mujer en al-Andalus, op. cit. supra*, pp. 71-76.
8. Emilio García Gómez y E. Lévi-Provençal: *Sevilla a comienzos del siglo XII. El tratado de Ibn Abdūn*, Sevilla, 1981 (2.ª edic.).
9. *El collar, op. cit. supra*, p. 144 y *Ṭawq al-ḥammāma* ed. Salāḥ ad-Dīn al-Qasimi, Túnez, 1988 p. 97.
10. Jacqueline Fournel-Guérin: "La femme morisque en Aragon". *Les morisques et leur temps*, Paris, 1983, pp. 525-538.
11. María Luis Ávila: "Las mujeres sabias de al-Andalus". *La mujer en al-Andalus, op. cit. supra*, p. 148.

producción y, por tanto, en manos masculinas en su mayoría, aunque Ibn Quzmān menciona a mujeres sastras [12].

Esta diversidad de oficios implica la adquisición previa de unos conocimientos: las mujeres en al-Andalus recibían al menos una educación elemental semejante al de los varones; aprendían a leer, a escribir, el Corán y algo de poesía, aunque no acudían a las escuelas como los chicos sino que recibían la enseñanza en casa, bien de sus familiares o de una maestra[13]; igualmente podían acceder a la enseñanza superior pero ésta casi indefectiblemente la recibían de sus familiares más allegados, especialmente de sus padres, y si acudían a las mezquitas, donde en al-Andalus se recibía la enseñanza superior, eran acompañadas de algún pariente masculino[14].

Posiblemente esta educación sólo se daba en las clases acomodadas, pero no es seguro que no pasase lo mismo en el caso de los varones, pues, a pesar de la gran cultura de al-Andalus, es imposible pensar en la inexistencia de un gran número de analfabetos entre la población masculina: incluso tenemos noticia de poetas árabes analfabetos (una de nuestras poetisas lo es) lo que es posible dada la oralidad de la transmisión cultural árabe —eso explica también la existencia de prolíficos autores ciegos[15]— y las especiales relaciones entre la voz, la lectura y la escritura en la Edad Media[16].

12. Emilio García Gómez: *Todo Ben Quzmān*, Madrid, 1972, 3 vols. I, zéjel 24, I, 133-134.

13. Rafael Valencia: "Tres maestras sevillanas de la época del Califato Omeya". *La mujer en al-Andalus, op. cit. supra*, pp. 185-190.

14. Ávila: *op. cit. supra*.

15. Henri Pèrés: *Esplendor de al-Andalus*, trad. española de M. García Arenal, Madrid, 1983, p. 64.

16. Paul Zumthor. *La letra y la voz de la literatura medieval*, Madrid, 1989.

En al-Andalus, se enseñaba a los niños primero las reglas elementales de la lengua, y poemas, antes de iniciar el estudio del Corán con el que comenzaba el aprendizaje en otros países musulmanes[17]. Este temprano conocimiento de la poesía árabe explica la proliferación de poetas en la Hispania musulmana, a pesar de que la lengua de la expresión poética fuese una *koiné* —un supralenguaje— y no la lengua árabe dialectal que utilizaban los andalusíes.

Resulta por tanto sorprendente el escaso número de poetisas, dado que como hemos visto, podían acceder al conocimiento de la poesía lo mismo que los varones. La razón podría estar en que les estaban vedados los lugares donde la poesía se difundía: en términos anacrónicos, podían escribir poesía pero no podían acceder a las editoriales. Estos lugares eran, en primer lugar, las recepciones palaciegas con motivo de actos oficiales: pascuas musulmanas, alardes de los ejércitos, etc., que era el momento en que los poetas entonaban sus panegíricos. Existen sin duda penegíricos dedicados a los príncipes por algunas de nuestras poetisas, pero ninguno fue seguramente entonado públicamente: unos fueron enviados por escrito; otros como el de Ḥassāna at-Tamīmiya, recitados en una audiencia privada, a la que fue introducida por una de las mujeres de al-Ḥakam I[18]; y el caso de una mujer de Silves que arrojó sus peticiones en verso sobre la alfombrilla sobre la que debía rezar el califa almohade Abū Yūsuf Ya-'qūb al-Manṣūr (1184-1199)[19]. El otro lugar donde se di-

---

17. Julián Ribera: "La enseñanza entre los musulmanes españoles". *Disertaciones y opúsculos*, Madrid, 1928, pp. 229-359.

18. Elías Téres: "El poeta Abū-I-Majšī y Ḥassāna la Tamīmiyya", *Al-Andalus*, 26 (1961), pp. 229-244.

19. Teresa Garulo: *Dīwān de las poetisas de al-Andalus*, Madrid, 1986, pp. 125-126.

fundía la poesía era la tertulia, donde se recitaba poesía —a veces componiéndola en ese mismo momento—, se escuchaba música, se bebía, y se hacía el amor, tradición inmersa en la cultura árabe desde la beduinidad pre-islámica con el *samar*[20], palabra que ha dado la nuestra zambra, y donde las mujeres estaban excluidas con excepción de las esclavas.

Así, si las mujeres de al-Andalus componían poemas, éstos sólo eran conocidos por sus familiares, y de hecho son los parientes masculinos de las poetisas los que han transmitido sus poemas, versos de hijas, de tías o de abuelas, que habían quedado en la memoria de los literatos andalusíes. Resulta significativo que las dos poetisas de las que tenemos más versos sean precisamente Wallāda y Ḥafṣa ar-Rakūniyya, cuyas vidas y obras poéticas estuvieron ligadas a las de dos poetas masculinos de importancia, Ibn Zaydūn de Córdoba[21] y Abū Ŷaʻ far ibn Saʻ īd[22], siendo el caso de este último revelador: su familia preparó, durante generaciones, una gran antología poética de al-Andalus[23] y toda la poesía de la que tenían noticia debía pasar al archivo familiar. Como consecuencia es la producción poética de Ḥafṣa la más extensa que conocemos.

Así pues el conocimiento de la poesía árabe de las mujeres de al-Andalus viene condicionado por sus relaciones con el mundo de los hombres y no por su condición social, ya que un mayor *status* de clase llevaba aparejado una

---

20. Regis Blachère: *Histoire de la littérature arabe*, Paris, 1952, 1964 y 1966, 3 vols., I, 34-35.

21. Vicente Cantarino: *Casidas de amor profano y místico. Ibn Zaydun. Ibn Arabi*, Méjico, 1977.

22. Celia del Moral Molina: *Un poeta granadino del s. XII, Abū Ŷaʻ far ibn Saʻīd*, Granada, 1987.

23. E. García Gómez: *El libro de las banderas de los campeones de Ibn Saʻīd al-Magribi*, Madrid, 1978 (2).

mayor carga de herencia económica y de linaje, y traía aparejado un mayor enclaustramiento.

La relación con el mundo de los hombres, en el caso de las mujeres libres, viene dada por una trayectoria individual. El caso de la libertad de acción de Wallāda y su producción poética, por ejemplo, no se puede extrapolar a las demás mujeres de sangre real: de sus dos contemporáneas tan principescas y poetas como ella, Buṭayna Bint ʿAbbād de Sevilla y Umm al-Kirām Bint Ṣumādiḥ de Almería, apenas conocemos sino uno o dos poemas, porque sus vidas transcurrieron en el harén. El único poema de la sevillana nos ha llegado porque salió del enclaustramiento real a la fuerza, al ser hecha cautiva y convertida en esclava, y los de la almeriense, por su tímido intento de ejercer la libertad de amar, y eso, a pesar de pertenecer ambas a unas familias cuyos miembros varones eran casi todos poetas.

La dependencia historiográfica de la poesía de las mujeres de al-Andalus llega a su extremo cuando sus poemas se encuentran, casi al desgaire, en las biografías de los poetas masculinos, como es el caso de Nazhūn Bint al-Qalāʿī, hábil improvisadora de respuestas satíricas a los poemas masculinos[24], y de la que es difícil encontrar poemas independientes de alguna entidad. No deja de ser significativo que haya dos poetisas de origen beréber y que una de ellas Ḥafṣa Bint al-Ḥā ̂y ̂y ar-Rakūniyya sea la mejor poetisa de al-Andalus, dado que, en proporción, los poetas varones de esta etnia son mucho más escasos. Podría deberse a la tradición matriarcal conservada aún hoy actualmente en algunos grupos beréberes beduinos —por ejemplo los tuareg— que permitía a la mujer participar en las zambras poéticas. Durante la dominación de al-Anda-

---

24. Teresa Garulo: *Dīwān, op. cit. supra*, pp. 110-120.

INTRODUCCIÓN

lus por la dinastías beréberes, almorávides y almohades (finales del XI a mediados del XIII), las poetisas parecen tener mayor libertad de movimientos. No hay que olvidar, por ejemplo, que algunos príncipes almorávides eran conocidos con el nombre de sus madres: Banū 'Ā'iša, Banū Gānya, etc., dato que nos permite sospechar cierta tendencia matrilineal en el linaje.

Ahora bien, las únicas mujeres que tenían acceso a las tertulias donde se creaba y difundía la poesía eran las esclavas, porque —como dice Manuela Marín— mantienen un nivel de contactos con el mundo masculino mucho más rico y variado que el de las esposas legales[25], es decir, que las libres. Su alienación viene de la esclavitud, *status* que comparten con los hombres, pero curiosamente están liberadas del velo y el enclaustramiento, al menos que se transformen en concubinas y entren en el harén. En una famosísima anécdota que cuenta Ibn Ḥazm en *El collar de la paloma* sobre el enamoramiento del poeta ar-Ramādī[26], se nos muestra a una joven de buena familia que para poder caminar libremente por Córdoba y chafardear en la Puerta de los Drogueros, que era donde se reunían las mujeres, se hacía pasar por esclava, y el contexto parece indicar que iba desvelada.

Junto a la libertad de movimientos que le era permitida a la esclava no concubina, hay que añadir una libertad sentimental inconcebible en una mujer libre y que se explica porque, en una gran civilización como la árabe medieval, el amor, o mejor, el enamoramiento, era un acto cultural, un arte y un juego, que tenían unas reglas fijas, como nos muestra *El collar de la paloma*. En este arte

25. Marín: *op. cit. supra*, p. 119.
26. '*El collar de la paloma*', *op. cit. supra*, pp. 121-122 y Apéndice, IV, a.

lúdico amatorio es necesario que el amado tenga libertad para otorgar el galardón final, libertad vedada en la institución canónica para la procreación, es decir, el matrimonio, donde no existe el noviazgo y que se contrae por razones que no tienen que ver con el amor . Son los esclavos de uno y otro sexo, dado el componente homoerótico de la civilización árabe medieval, los que pueden jugar en el juego amatorio y mostrarse esquivos, complacientes, tiránicos, rendidos, según su papel, que no sólo es literario sino real: la mayor parte de las historias de amor de al-Andalus tienen como protagonistas a los esclavos, convertidos en señores de sus amantes, uno de los tópicos de la poesía *cortés* árabe, aunque, a veces, la realidad se imponga con brutalidad, como el caso de la esclava que paga con horrorosa muerte el haberle puesto mala cara a su dueño, el Califa Abderrahmán III.[27]

Dentro de las esclavas de al-Andalus, las más relacionadas con el ambiente literario eran las cantoras, las *qiyān,* que recibían una esmerada educación, ya que su función era realmente la de ser cultivadas hetairas, capaces de satisfacer al hombre física y estéticamente a modo de las gheisas japonesas. Había gentes especializados en su educación como Muḥammad ibn al-Kattānī (m. 1009) que se jactaba. *"Soy capaz de despertar la inteligencia de las piedras y, con más razón, la de las personas por muy zafias e ignorantes que sean. Prueba de esto es que tengo en mi poder ahora cuatro cristianas que eran ayer ignorantes y hoy son sabias y letradas en lógica, filosofía, geometría, música, astrolabios, astronomía, gramática, prosodia, literatura y caligrafía"[28],* esfuerzo que sería recompensado ya

27. Marín: *op. cit. supra,* p. 125.
28. M.J. Rubiera Mata: "Nueva aproximación al estudio literario de las jarchas". *Sharq al-Andalus,* 5 (1988), p. 92.

que estas muchachas eran vendidas a precios astronómicos. Ibn al-Kattānī vendió una de estas esclavas por tres mil dinares de oro al rey de Albarracín, y sus conocimientos eran como los de la doncella sabihonda Teodor, la del cuento de "Las mil y una noches" que ha pasado a la literatura española: *Nadie vio, en su época, mujer con aspecto más gracioso, de movimientos más ágiles, de silueta tan fina, de voz más dulce, sabiendo cantar mejor, más destacada en el arte de escribir, en la caligrafía, de cultura más refinada, de dicción más pura; no cometía ninguna falta dialectal en lo que escribía o cantaba, tantos eran sus conocimientos de morfología, lexicografía y métrica; incluso sabía de medicina, historia natural y anatomía y otras ciencias en las que los sabios de la época se hubieran revelado inferiores. Sobresalía en el juego de las armas, en el volteo con escudos de oro, en los juegos malabares con sables, lanzas y afilados puñales: en todo ello no tenía pareja, igual ni equivalente.*[29]

Había más doncellas Teodor que superaban las pruebas de erudición a las que les sometían sus orgullosos amos[30], pero el talento más apreciado era el musical, es decir, cantar los poemas árabes y tocar instrumentos músicales, especialmente el laúd. Para ello las cantoras se sabían centenares de versos y eran capaces de repentizar, bien con estos poemas aprendidos, o bien incluso con improvisaciones propias. Como, frente a las mujeres libres, sus actuaciones tenían lugar delante de los hombres y no sólo de sus amos, sino de los amigos de éstos y en las tertulias poéticas, aunque estuviesen detrás de un velo[31], tenemos noticia de muchas de las actuaciones de las cantoras en

29. Pèrés: *op. cit. supra*, p. 387.
30. Ávila: *op. cit. supra*, p. 159.
31. Marín: *op. cit. supra*, p. 125.

al-Andalus, e incluso de algunas de sus improvisaciones, aunque éstas no fuesen más que uno o dos versos que completaban un poema masculino.

El hecho es interesante de por sí, ya que prueba la presencia de las esclavas cantoras en los ambientes poéticos masculinos y su libertad de movimientos. Así por ejemplo, la anécdota que nos habla de una cantora, llamada Hind, esclava de Abū Muḥammad ʿAbd Allāh ibn Maslama de Játiva, que recibe un billete en verso de un poeta de Játiva, Abū ʿĀmir ibn Yanniq, invitándola a tocar el laúd en su casa, y la esclava acepta, contestando en verso en el dorso del billete.[32]

Por otro lado hay algunas de estas anécdotas de esclavas que son simples creaciones literarias, como la de Uns al- qulūb[33] o la historia del único verso de la esclava más famosa de al-Andalus, Rumaykiyya. Recordemos la anécdota: el rey al-Muʿtamid de Sevilla se encontraba junto al Guadalquivir en un lugar llamado la Pradera de Plata, con su amigo y también poeta, Ibn ʿAmmār. Al ver la plateada superficie de las aguas, rizada por el viento, al-Muʿ tamid improvisa:

La brisa ha convertido el agua en cota de mallas.

Según la costumbre Ibn ʿAmmār debía continuar el poema en el mismo metro y rima, pero en aquel momento no le llegó la inspiración y una voz femenina recitó:

¡Qué loriga para el combate,
si se solidificase

---

32. Garulo; *op. cit. supra*, pp. 95-96.
33. Garulo: *op. cit. supra*, pp. 138-140.

Sorprendido, al-Mu' tamid buscó a la autora del verso y se encontró con una bellísima lavandera. Era la esclava Rumaykiyya a la que desposaría convirtiéndola en su favorita. La bellísima historia es pura creación literaria. Los dos versos son obra de dos poetas contemporáneos a los hechos, Ibn Wahbūn de Murcia e Ibn Ḥamdīs de Siracusa, que, en efecto, lo recitaron en la Pradera de la Plata en Sevilla. Además, al-Mu'tamid y Rumaikiyya se conocieron en Silves.Y si es cierto que era una esclava de ínfima categoría, acemilera según parece, no compuso un verso en su vida, a pesar de estar en una familia de poetas y en la capital de la poesía del siglo XI, Sevilla. La razón puede ser doble: no tuvo una educación de cantora, ya que era una simple sirviente, y como esposa real estuvo enclaustrada en el harén.[34]

La música árabe —la nacida en el siglo VIII en la Península Arábiga tras la melopea beduina y que desarrolló Bagdad[35]— llegó a al-Andalus durante el reinado de al-Ḥakam I (796-822) por medio de músicos y esclavas cantoras que este emir, lo mismo que su hijo Abdarrahmán II (822-886), hicieron traer de Oriente. Fueron famosas las esclavas cantoras de la escuela medinesa, Faḍl, Qalam y 'Alam que tenían un pabellón palaciego para ellas solas[36], y, cómo no, el famoso músico Ziryāb, árbitro de la elegancia en la Córdoba del siglo IX[37], que tenía su orquesta propia de esclavas cantoras.

Pronto los andalusíes no necesitaron hacer venir a los músicos y cantores orientales, pues habían aprendido de

34. María Jesús Rubiera Mata: *al-Mu'tamid ibn 'Abbād. Poesías*, Madrid, 1982, pp. 39-41.
35. Julián Ribera: *La música árabe y su influencia en la española*, Madrid, 1985 (2).
36. Ávila: *op. cit. supra*, p. 156.
37. Ribera: *La música*, op. cit. supra, pp. 102-110.

ellos lo suficiente para crear escuelas de canto y formar sus propias orquestas.[38] Parece que, entre las esclavas andalusíes, las más dotadas para el aprendizaje y dominio de la música eran de origen cristiano, las llamadas eslavas o *Ṣaqāliba,* es decir, las cautivas procedentes de los países europeos especialmente de Calabria, Lombardía, la Septimania franca y de los reinos cristianos hispánicos, que era donde más fácilmente podían capturar esclavos los ejércitos o los corsarios de al-Andalus.[39] Aún en el siglo IX, Qamar, una de las esclavas cantoras de la escuela medinesa, era una vasca enviada a Oriente para su aprendizaje.

Como es sobradamente conocido, en al-Andalus nació un género poético en árabe que tenía características muy diferentes a la casida, el poema árabe clásico por excelencia, monorrimo y con métrica cuantitativa como la grecolatina, con sucesiones de sílabas largas y breves. Este género poético que inventaron los andalusíes, por el contrario, era un poema con estrofas con la misma rima —vueltas— y otras con distinta rima —mudanzas—, y sus versos con el mismo número de sílabas —isosílabicos— frente a la diversidad de sílabas de la casida. Este poema se llamó moaxaja, y una de sus variantes, zéjel.

Pero tal vez lo más interesante de este género poético andalusí es que se formaba como una glosa poética en árabe de una cancioncilla, una copla popular preexistente, en lengua romance o en lengua árabe vulgar.[40] Esta copla originaria quedaba al final de la moaxaja y por ello recibía el nombre árabe de "salida", esto es, jarcha.

38. Pèrés: *op. cit. supra,* pp. 386-387.
39. Mujtār al-Abbādi: *Los eslavos en España,* Madrid, 1953.
40. La bibliografía sobre este tema es inmensa. Véase M.J. Rubiera Mata: *Bibliografía de la literatura hispano-árabe,* Alicante, 1988, n°s 66-274.

Como las jarchas estaban escritas con las letras del alfabeto árabe o el hebreo, ya que también los poetas judíos de al-Andalus escribieron moaxajas, se tardó mucho tiempo en descifrar esta misteriosa estrofa final, porque los alfabetos semíticos no escriben las vocales, hecho que complica la interpretación de un texto cuando está escrito en una lengua indoeuropea. Pero finalmente se descubrió que los tratadistas árabes medievales tenían razón en sus afirmaciones: las jarchas o estrofas finales de las moaxajas estaban en lengua romance o lengua árabe dialectal. Aún más, su temática era la de las canciones de mujer, las *frauenlieder*, la poesía marginal femenina europea de cuya existencia hay ecos durante toda la Edad Media, lírica en la que la mujer expresa su deseo amoroso, su propio deseo con referencia a su cuerpo y no travestido por el punto de vista masculino, y lo grita a su amante, a sí misma y a los demás.

Esta poesía pertenece a una tradición cultural muy antigua. Elvira Gangutia[41], al encontrar poemas de mujer en la poesía griega arcaica semejantes a las jarchas, a las cantigas de amigo, a las albas provenzales, los relaciona con el culto mesopotámico de Inanna/Istar/Astarté, nombres de la misma divinidad femenina según las diversas culturas, transfigurada finalmente en Afrodita. Esta poesía ya en el período griego clásico de cultura masculina quedó marginada, pero los fragmentos conservados ofrecen un paralelismo sorprendente con las jarchas, pues incluso se trata de poemas estróficos.

Sus huellas en la lírica románica parecen probar que los ritos y su expresión poética pasaron a Roma, seguramente relacionados con la celebración de la llegada de la prima-

---

41. "Poesía griega de amigo y poesía arábigo-española." *Emerita* 40 (1972), pp. 329-396.

vera en honor a Venus, y perduraron durante toda la Edad Media. Hay huellas de ello, por ejemplo en algún poema de los Carmina Burana (s. XII): *doncellas juegan bellamente sobre las hierbas con cantos nuevos que resuenan con hermosa voz*[42] y también en la Hispania musulmana: el poeta Ibn al-Labbāna (m. 1114) nos describe una fiesta de Nayrūz (Equinoccio de la primavera) en Mallorca: *Si aún tuviese el vigor de mis años mozos, no dejaría pasar el día de Nayrūz sin beber al amanecer; es un día suave, que tiene lugar sobre alcores y valles; en él juegan todas las muchachas, que se mueven como ramas bajo el soplo de la brisa*[43] e Ibn Quzmān (s. XII) personifica a mayo en una mujer prorrumpiendo en arbóbolas.[44] La Iglesia, ante estas celebraciones y cánticos femeninos, reaccionó con acres censuras —Cesario de Arlés (m. 542) dice por ejemplo: *¡Cuántos rusticos y rusticas cantan de viva voz las canciones de mujeres, diabólicas, eróticas y obscenas!*[45]—, ya que estas canciones y celebraciones femeninas no sólo eran una huella del paganismo sino que expresaban el deseo femenino, vetado en la civilización judeocristiana, representante también de la represión de la mujer.

Pero esta cultura femenina, marginada como los cultos a Artemisa-Diana convertidos en brujería[46], pervivió bajo una aparente cristianización —como nuestras Cruces

---

42. *Ludunt super gramina virgines decore/Quarum nova carmina dulci sonant ore.* Antonio Sánchez Romeralo: *El Villancico*, Madrid, 1969, pp. 369.

43. María Jesús Rubiera: "El poeta Ibn al-Labbāna en Mallorca". *Boletín de la Sociedad Arqueológica Luliana*, 39 (1983), p. 506.

44. *Todo Ben Quzmān: op. cit. supra*, II, zéjel 137, p. 681.

45. *Quam multi rustici, quam multae rusticae mulieres, cantica diabolica, amatoria et turpia ore decantant.* Sánchez Romeralo, *op. cit. supra*, p. 364.

46. Julio Caro Baroja: *Las brujas y su mundo*, Madrid, 1966 (2).

de Mayo— y sus canciones fueron recogidas por la poesía culta románica, según la tesis de Gaston Paris[47], generalmente con un sentido humorístico, propio del tratamiento de la literatura masculina hacia este tipo de manifestaciones, como había sucedido en época romana donde las alusiones a las canciones femeninas se encuentran en las comedias burlescas.

De la misma forma esta poesía entra en la literatura árabe, porque la moaxaja es un género *muŷūn,* es decir, descarado, desvergonzado, obsceno. Ibn Ṣanā' al-Mulk , autor de una preceptiva egipcia de la moaxaja, como tal define a la jarcha.[48] Sólo así se explica su utilización en una poética masculina donde se rechaza explícitamente la voz femenina. La opinión de Ibn Rašīq (1000-1070), otro preceptista árabe, así lo expresa: *Entre los árabes es costumbre que sea el poeta el que galantee [a las mujeres] y se finja muerto de amor [por ellas], mientras que entre los no árabes la costumbre es que hagan a la mujer solicitar y desear con sus declaraciones [a su amante], diferencia que constituye un indicio de la noble condición de los árabes y del celo con que guardan a sus mujeres.*[49]

Existen otras razones literarias: dado el carácter homoerótico de una gran parte de la poesía árabe medieval, a partir del *modernismo,* movimiento que se inicia en el s. IX [50], la mayor parte de las moaxajas están dedicadas a efebos y la utilización final de la voz femenina, solicitando de amores a su amante, corresponde plenamente al con-

---

47. Sánchez Romeralo: *op. cit. supra,* pp. 369-371.

48. Emilio García Gómez: "Estudio de Dār at-Tirāz, preceptiva egipcia de la muwaššaha", *Al-Andalus,* 27 (1962), p. 44.

49. Ángel Ramírez Calvente: "Jarchas, moaxajas, zéjeles (III)", *Al-Andalus, 41 (1976),* pp. 403-404.

50. María Jesús Rubiera Mata: *Introducció a la literatura hispano-àrab,* Alicante, 1989, p. 26.

texto. En segundo lugar, dentro del amor *cortés* árabe, la utilización de la voz femenina podría implicar un grado más de sometimiento y humillación, al que se somete el amante.

La voz femenina es recogida por la poesía árabe y sólo nos falta saber quiénes fueron sus transmisores, pues sus autores son anónimos y, al ser poesía de tipo tradicional, se va recreando a cada transmisión. Es evidente que el toque final para incluir la copla dentro de la moaxaja, la realizaría el poeta culto y varón, el autor de las moaxajas y de los zéjeles.

Como ya hemos visto, es posible que en el propio al-Andalus, se conservase la lírica femenina ancestral ligada a los ritos del nacimiento de la primavera y que algunas de estas canciones fuesen recogidas, por los autores de moaxajas, de los propios miembros femeninos de sus familias, especialmente si eran muladíes, es decir musulmanes de origen hispánico. Habría de descartar, de una vez por todas, que la fuente de estas canciones fuesen las doncellas mozárabes, las muchachas de la comunidad cristiana de al-Andalus: si las jovenes musulmanas, como hemos visto, no frecuentaban los ambientes literarios de los poetas árabes, mucho menos lo iban a hacer las muchachas cristianas, cuya virginidad era tan celosamente guardada o más, por sus familiares, incluso posiblemente, por su madre, cómplice, por el contrario, en las jarchas. Al condenar las autoridades religiosas cristianas estas canciones por paganas y obscenas, seguramente fue en la minoría cristiana de al-Andalus, como minoría más celosa de su identidad religiosa, donde desaparecería antes la tradición de la lírica femenina, "diábolica, erótica y obscena".

En cambio, hay tres hechos que nos inclinan a pensar que las esclavas cantoras fueron quienes transmitieron a los poetas árabes estas canciones.

El primer hecho es que las canciones románicas no se encuentran todas ellas en la misma lengua romance: hay jarchas en lengua occitana y seguramente en lengua gallega[51]. Fueron, por tanto, importadas a al-Andalus.

El segundo hecho es que, tanto la moaxaja como el zéjel son géneros musicales, como ha demostrado J.T. Monroe[52], y la intervención de las esclavas cantoras en la combinación de la música árabe y la cristiana —esa combinación se produce desde el punto de vista poético y lingüístico en la moaxaja y el zéjel— fue documentada hace mucho tiempo por Emilio García Gómez respecto al zéjel[53]: Ibn Bāŷŷa de Zaragoza, músico, poeta y filósofo (m. 1138) se encerró durante algunos años con esclavas diestras, consiguió mezclar el canto de los cristianos e inventó el estilo de los zéjeles de al-Andalus.

Mucho antes tenemos documentado un intento del mismo tipo: Salīm, un liberto del príncipe omeya al-Mugīra en el reinado de al-Ḥakam I (796-822), tras aprender la música cristiana de unos embajadores de Carlomagno, aprendió el canto iraquí con una cantora de esta procedencia y mezcló los dos estilos.[54]

En uno y otro caso las esclavas cantoras colaboran con los músicos-poetas. Creemos que las esclavas de origen cristiano, las más preciadas como vimos, además de su conocimiento de la poesía y la música árabes, recordarían las canciones de mujeres escuchadas en su infancia o tal

51. María Jesús Rubiera Mata: "La lengua romance de las jarchas (Una jarcha en lengua occitana)", *Al-Qantara*, 8 (1987), pp. 319-329.

52. "The tune or the words? (Singing hispano-arabic strophic poetry), *Al-Qantara*, 8 (1987), pp. 265-317.

53. Emilio García Gómez: *Todo Ben Quzmān, op. cit. supra* II, 35.

54. María Jesús Rubiera Mata: "Elementos literarios extraandalusíes de las jarchas". *Actas del III Congreso de la Asociación Hispánica de Literatura Medieval, 3-6 octubre 1989* (en prensa).

vez aprendidas de sus compañeras de cautiverio en las horas que compartían en las escuelas de cantoras o en las casas de sus amos, y pudieron transmitirlas a los poetas que buscaban estas canciones y, también, componer esas jarchas en árabe dialectal, idénticas a las románicas en su sentido, de tal forma que en la traducción española que presentamos de todas ellas, es difícil de distinguir su lengua originaria.

El tercer hecho es que el lenguaje atrevido de las jarchas, sólo lo permitiría una sociedad arábigo-musulmana de tan noble índole que guarda con celo a la mujer, en palabras de Ibn Rašīq citadas anteriormente, en labios de esas hetairas de lujo que fueron las esclavas cantoras. Mucho más que por los breves poemas clásicos que se les atribuye, mucho más que las mujeres libres de al-Andalus, las esclavas cantoras merecen el nombre de poetisas hispano-árabes, porque supieron transmitir y recrear la lírica ancestral del suelo hispano, común con el europeo, y hacernos llegar nuestra más antigua voz femenina, aunque no conozcamos sus nombres y sólo los de los poetas masculinos que recogieron de sus labios estas antiguas coplas y las glosaron en sus moaxajas y zéjeles.

No todas las jarchas de al-Andalus son canciones de mujeres: los poetas que las glosaron en las moaxajas agotaron el venero de tipo tradicional en lengua romance o en árabe dialectal e inventaron jarchas o las tomaron de otro tipo de tradición poética. Con muy pocas excepciones, ya a partir del siglo XIII, las jarchas de las moaxajas andalusíes corresponden a la poética árabe. Diferenciar unas y otras no es tarea muy difícil: muchas veces el propio poeta árabe pone sus versos finales en voz de una mujer, con diversos artificios literarios: es la amada la que habla o es una muchacha que expresa los mismos sentimientos que ha querido reflejar el poeta en la moaxaja, procedimiento habitual en los poemas dedicados a efebos. Aún en las moaxajas en las que no se explicita quién habla, la propia jarcha nos revela, con sus referencias al cuerpo femenino, que es una canción de mujer. El *leivmotiv* de las jarchas es el deseo femenino que, como hemos visto, rechaza explícitamente la poesía árabe, que convierte a la mujer en objeto y no sujeto del deseo. La mujer hace referencia a su propio cuerpo, y a las caricias *(bésame la boca, aprietame los pechos)* e incluso a la postura sexual que prefiere *(junta ajorca con arracada)*, y protesta ante la poca delicadeza de su amante *(me ha roto el pecho, me ha herido mis labios y me ha deshecho el collar)*. También hace referencia al cuerpo del amado, pero curiosamente sólo al rostro, la boca especialmente, frente a la frecuencia con que aparecen referencias a las partes pudendas masculinas en las sátiras de las poetisas cultas. Y un detalle significativo: aparece un amigo rubio *(bajo la guedejita rubita, el cuello albo)* lo que va contra la estética árabe, ya que la famosa alusión de Ibn Ḥazm a la preferencia de los Omeyas y de él mismo por las mujeres rubias, se presenta como una rareza[55], dentro de la norma.

El amante rubio nos sitúa de nuevo en una poética distinta de la árabe. La mujer canta su deseo a su amante y más generalmente a un tercero, que generalmente es la madre, cómplice de sus amores, como en las más antiguas canciones femeninas, antes que las sociedades patriarcales celasen la virtud femenina, aunque en alguna jarcha ya aparece la madre-guardadora. También cabría preguntarse si esta madre de las jarchas es siempre la biológica o podría ser el tratamiento afectivo a la alcahueta, singularmente ausente en estas canciones, pues recordemos lo de

---

55. *El collar: op. cit. supra*, pp. 130-131.

"la madre Celestina", la más famosa tercera de nuestra literatura. Porque la madre de las jarchas es a veces mensajera, en varias ocasiones, de los deseos de la amante, con palabras que parecen arrancadas de los labios de Melibea *(Madre, dile a Jacob que la cordura de las mujeres es poca, que no pase la noche lejos de mí)*.

Hemos mencionado a la madre-celestina porque estas canciones de mujer, siguiendo las técnicas de la transmisión de la poesía de tipo tradicional, se han adaptado al contexto sociológico donde fueron recreadas: se han llenado de cultemas y fórmulas árabes, lo que sucede también en otras poesías. Eugenio Asensio[57] señala que el rey Alfonso el Sabio asocia la fecundidad de mayo con la guerra de los moros y a la Virgen María con la Maya de las fiestas paganas. La mujer de las jarchas es la hispano-árabe: se adorna con ajorcas y arracadas, se viste con zaragüelles, habla del velo de la alcoba, vive en una ciudad musulmana[58], jura por Alá y Mahoma, y se defiende del gran enemigo de los amantes, el *raqīb*, el espía de mil ojos, en una sociedad donde además de los espías familiares, padre, hermanos, marido —éste sale explícitamente con el nombre galorrománico del marido burlado: el *gelós*[59] —existían los vigilantes profesionales: los eunucos guardadores del harén.

Un caso singular son las albas, también uno de los temas ancestrales de las canciones de amigo, que ya se encuentra en la poesia femenina griega. En las canciones hispano-árabes se encuentran las dos tradiciones líricas de

56. Gangutia: *op. cit. supra.*

57. Eugenio Asensio: *Poética y realidad en el cancionero peninsular de la Edad Media,* Madrid, 1970 (2), p. 35.

58. Míkel de Epalza: "La mujer en el espacio urbano musulmán", *La mujer en al-Andalus, op. cit. supra,* pp. 53-60.

59. Rubiera: "Una jarcha...", *op. cit. supra.*

las albas: la que podemos llamar hispánica pues se encuentra en las canciones gallego portuguesas y las castellanas con el encuentro de los amantes al amanecer, y la provenzal, despedida de los amantes al alba.[60] Las que corresponden a la tradición hispánica son todas románicas y la de tipo provenzal está en arabe dialectal. Esto nos ha llevado a pensar que, tal vez, el encuentro de los amantes al alba corresponde al medio rural: los enemigos de los amantes, padre, marido y demás parientes, parten antes del amanecer a realizar las faenas del campo y dejan sola a la mujer, que puede recibir a su amante a la luz del alba. Esta versión de la albada sería autóctona de las tierras gallegas e importada a al-Andalus por las esclavas norteñas. La despedida de los amantes al amanecer, cuando el centinela avisa de la presencia de la aurora, como en la poesía provenzal, correspondería a un ambiente urbano y esta versión acabaría, en la urbanizada al-Andalus, desplazando a la rural y galaica albada de encuentro.

Las canciones de cuna o nanas son uno de los temas más interesantes de las canciones de mujer andalusíes. La utilización del lenguaje maternal como erótico ya fue señalado por Monroe[61] como uno de los elementos líricos de las jarchas, que entroncan con la tradición de los ritos paganos femeninos, aunque pueden explicarse símplemente como un recurso afectivo. Aunque hay algunas que utilizan formulas maternales para llamar al amante *(hijito ajeno)*, hay dos jarchas, en árabe vulgar o dialectal, que son dos nanas completas, usadas por los autores de moaxajas, una en un contexto erótico *(¿No vienes, niño mío,*

---

60. Asensio: *op. cit. supra*, pp. 27-28.
61. James T. Monroe: "Estudios sobre las jarŷas: las jarŷas y la poesía amorosa popular norafricana", *Nueva Revista de Filología Hispánica 25* (1976), p. 13.

conmigo?), mientras que la otra *(Mi pequeñin, que no duerme y me llora)* se encuentraen una moaxaja mística, es decir una nana usada a lo divino.[62] Al estar fechadas (siglo XII), podemos decir que son las primeras canciones de este tipo que se documentan en la Península Ibérica.

Después de lo visto más arriba, es decir, la existencia de una fiesta femenina de primavera en la Hispania musulmana, decepciona, en cierta medida, no encontrar unas posibles canciones de mayo o de primavera, pero posiblemente las haya habido y no se han encontrado. Las jarchas, las coplas hispano-árabes, son todavía, y lo serán durante mucho tiempo, una investigación inacabada, en donde seguramente no se podrá decir nunca la última palabra.

Frente al anonimato de las poetisas de la lírica tradicional femenina, conocemos los nombres de las autoras de la poesía clásica hispano-árabe, transmitida, como vimos, por sus parientes o sus amantes. Su voz es sólo un eco de la voz masculina —tan sólo el poema III de Ḥafṣa Bint Ḥamdūn de Guadalajara parece ser el eco de una canción de mujer con el tema de la ausencia en la noche— y llegan a tomar de tal modo el punto de vista del varón que cantan la belleza femenina ajena, simulando un amor sáfico que no tiene ningun viso de ser extraliterario, como en el caso de las hermanas Banāt Ziyād de Guadix.

Dentro de este contexto no resulta extraño que aparezcan los tópicos del amor *cortés,* que pertenece a la poesía culta masculina, como es el caso de la *analfabeta* de Vélez-Málaga y de Zaynab de Almería, aunque de ambas tengamos tan pocos datos que no sabemos si realmente existieron.

62. Emilio García Gómez: "Tres interesantes poemas andaluces conservados por Hilli", *Al-Andalus* 25 (1960), pp. 287-311.

Las poetisas siguen las líneas y evolución de la poesía árabe de al-Andalus[63] y utilizan la forma poética clásica árabe: la casida, el poema monorrimo de métrica cuantitativa, pues aun cuando hay noticias de que algunas de ellas compusieron moaxajas, no nos ha llegado ninguna con sus nombres.

La primera poesía árabe que resuena en tierras hispánicas es la clásica o pre-islámica, cuya vigencia se extendió hasta finales del siglo VIII: es la casida beduina que habla de la vida del desierto, con camellos, palanquines para las bellas, aguadas y sol abrasador. Ḥassāna At-Tamīmiyya, compone este tipo de poesía, aunque haya nacido en la Vega de Granada[64].

En el siglo IX surge el *modernismo,* escuela poética bagdadí que abandona los tópicos del desierto y descubre las posibilidades de la imagen poética: cada comparación o cada imagen enriquece cada objeto con nuevas connotaciones, y ya no es importante la rosa por sí misma sino porque es semejante a una mejilla. El movimiento poético dividió la casida en pequeños poemas que se adscribían a géneros temáticos: el floral o jardinero, especializado en la descripción de la naturaleza; el *gázal,* o poema de amor, impregnado de ideología neoplatónica o cortés y de homoerotismo; el báquico, con la descripción del vino y su libación, a pesar de la prohibición coránica del mismo; la sátira, con alusiones pornográficas y escatológicas; etc.

Esta poesía de tipo modernista que fue cultivada profusamente en al-Andalus, hace una tímida aparición en las poetisas: Ḥafṣa Bint Ḥamdūn de Guadalajara (s. X) utiliza un *gázal* con una comparación báquica;su compatriota Umm al-'Alā' dos brevísimos poemas jardinero y báqui-

---

63. Rubiera: *Introducció, op. cit. supra.*
64. Terés: *op. cit. supra.*

co. Pero el resto de los poemas de tipo modernista son *gazales* o poemas de amor, o sátiras, a las que nuestras poetisas parecían muy aficionadas.

El sentimiento del que hablan las poetisas es el tópico de la poesía árabe: el amor-pasión, casi enfermedad de amor, que produce lágrimas y languidez; el amado no es descrito físicamente, en contraste con las jarchas y la poesía homoerótica, con la excepción de la sáficas hermanas de Guadix, que describen a una muchacha, y Ḥafṣa Bint Ḥamdūn, que describe a un efebo.

En contraste, hay en nuestras poetisas cierto grado de narcisismo, una cierta tendencia a autorretratarse, que es tal vez el rasgo más auténticamente femenino de sus poemas. Hafṣa ar-Rakūniyya se describe a sí misma con los tópicos de la descripción de la mujer en la poesía *modernista,* con cuello de gacela, mirada embrujada, mejillas de rosa y dientes como perlas. También Maryam de Silves se describe a sí misma, ya vieja, tan frágil como una tela de araña y renqueante con su bastón. Nazhūn se imagina a sí misma como una gacela en brazos de un león, y también así se ve, como gacela o cierva, Qasmūna, mientras 'Ā'iša Bint Aḥmad prefiere verse como leona en su fiera idependencia.

De distinto cariz son los autoelogios de algunas poetisas, tema clásico en la poesía árabe desde época pre-islámica: las princesas Wallāda y Umm al-Kirām se comparan a la luna que está en los cielos, por su altura, ya que se refieren a su alto linaje y no a la belleza lunar, símbolo por otra parte de la belleza masculina; Ṣafiyya se gloría de su caligrafía, mientras Ḥafṣa ar-Rakūniyya se cubre de falsa modestia sobre su letra y Umm al-Ḥasan se gloría de su ciencia, en un poema que tal vez, a su modo, sea feminista, ya que rechaza ocuparse de su caligrafía, menester, como creemos, propio de los ocios de damas acomodadas e ilustradas.

El *locus amenus* del amor de los poemas de amor modernistas de nuestras poetisas es también el tópico: el jardín fragante, con árboles y arroyo riente, acompañados de palomas que zurean. De nuevo, Ḥafṣa invierte los términos y transfigura a los aliados en los enemigos de los amantes: envidiosos, murmuradores y espías, figuras literarias árabes, de las que ya hemos hablado[65].

La sátira surge con cierta frecuencia en la producción literaria de nuestras poetisas sin que ofrezca mayor interés porque es semejante a la de los poetas masculinos: alusiones obscenas y escatológicas, que muchas veces no son sino una retahíla de palabras malsonantes.

Frente al *modernismo* surgió en la literatura árabe otro movimiento poético: el *neoclasicismo*, que recuperaba la integridad de la casida y fue el cuadro poético que utilizaron los panegiristas medievales árabes a partir del siglo IX. Las poetisas de al-Andalus también compusieron casidas de este estilo, aunque sólo nos han llegado fragmentos de ellas: 'A'iša Bint Aḥmad escribió un panegírico a al-Muẓaffar, hijo y sucesor de Almanzor (1002-1009), con los elogios hiperbólicos típicos del género; unos breves fragmentos de poemas de este género se encuentran entre los poemas de Umm al-'Alā' de Guadalajara, con destinatario desconocido, de Ḥafṣa ar-Rakūniyya en honor del gobernador almohade de Granada y de Umm al-Ḥasan en honor del ministro granadino Riḍwān.

El más interesante, literariamente hablando, de los panegíricos neo-clásicos de nuestras poetisas, es el de al-Gassāniyya de Almería, ya que es una réplica que pretende emular una casida de uno de los más importantes poe-

---

65. Sobre los enemigos de los amantes se puede ver, además de *El collar de la paloma*, el artículo de Soledad Gibert: "Un tratadito de Ibn Jatima sobre los enemigos de los amantes", *Al-Andalus*, 18 (1953), pp. 1-16.

tas neoclásicos de al-Andalus: Ibn Darrāŷ al-Qasṭallī[66], poema que escribiera este poeta en honor de Jayrān, señor de Almería (m. 1028). El fragmento del poema de al-Gassāniyya que nos ha llegado —en el mismo metro y rima que el de Ibn Darrāŷ— corresponde al *nasīb* o prólogo amoroso con el que se iniciaban estos poemas, a imitación de los pre-islámicos. La poetisa toma el punto de vista masculino y nos habla de la partida de la caravana de las mujeres, pero con las figuras modernistas incorporadas por los neoclásicos a la casida pre-islámica, con la comparación del placer perdido a un jardín perfumado.

Por último aparecen en la producción de las poetisas diversos poemas-epístola, billetes que se intercambiaban los poetas de al-Andalus en verso, obligando al destinatario a contestar en los mismos metro y rima, género muy adecuado para estas mujeres enclaustradas. Alguno hay del tema que los preceptistas árabes llaman *Ijwāniyyāt,* amistosos o fraternales, como el de la maestra Maryam Bint Abī Yaʻqūb a un antiguo discípulo. Pero hay otros temas: la carta de Buṯayna a su padre pidiendo permiso para casarse; billetes con los que se cita al amado como los de Wallada y Ḥafṣa: de agradecimiento por un regalo, como el de la descarada Muhŷa; etc.

La voz de las mujeres de al-Andalus, con lenguaje auténtico femenino o tomado prestado de los hombres, es la primera que nos ha llegado de las muchas que resonaron en la Península Ibérica. Fue expresada en lenguas que hoy han desparecido de nuestro suelo, pero, tal vez,traducida al español, no resulte tan antigua ni tan ajena.

MARIA JESÚS RUBIERA MATA

---

66. Garulo: *op. cit. supra,* p. 67.

Bibliografía

Ya al-Maqqari de Tremecen (m. 1639), el historiador árabe, compilador de la cultura de al-Andalus en su obra *Nafḥ at-Ṭib*, que ocupa 8 volúmenes en su última edición (El Cairo, 1968), mostró interés por las mujeres poetas de la *Hispania* musulmana y les dedicó un capítulo en su monumental obra. Esta recopilación motivó un interés temprano por la poesía femenina entre los arabistas, de forma que Luis Gonzalvo y Paris presentó una tesis doctoral en la Universidad Central de Madrid a primeros de este siglo, bajo el tema "Avance para un estudio de las poetisas musulmanas en España". El resumen de su tesis se publicó, como tirada a parte, en la Revista de Archivos, Bibliotecas y Museos, Madrid, 1905, 43 pp.

Desde esta fecha las poetisas de al-Andalus merecieron algunos artículos monográficos (L. de Giacomo "Une poètesse granadine du temps des almohades, Hafsa bint ar-Rakūniyya" *Hespèris,* 10 (1949), pp. 9-110 y E. Terés: "El poeta *Abū-l-Majšī y Ḥassāna la Tamīmīyya", Al- Andalus,* 26 (1961), pp. 229-244) o aparecieron en las antologías de la poesía hispano-árabe. Sólo en nuestros días han aparecido dos estudios-antología, los de de Mahmud Subh y de Teresa Garulo, que mencionaremos más adelante. Respecto a la poesía femenina de tipo tradicional, las jarchas, en la enorme bibliografía que hay sobre el tema (veáse María Jesús Rubiera Mata, *Bibliografía de la literatura hispano-árabe,* Universidad de Alicante, Ali-

34

cante, 1988, pp. 19-36), no se ha considerado especificamente a las mismas como poesía femenina y no hay un estudio monográfico desde este punto de vista.

García Gómez, Emilio: *El libro de las banderas de los campeones, de Ibn Saʻīd al-Magribī,* Barcelona, Seix Barral, 2.ª edición, con un nuevo prólogo respecto a la primera de Madrid, 1942. Es una de las más importantes antologías de la poesía hispano-árabe, editada y traducida de forma magistral. En ella aparecen algunas de las poetisas andalusíes en árabe clásico.

García Gómez, Emilio: *Las jarchas romances de la serie árabe en su marco. Edición en caracteres latinos, versión española en calco rítmico y estudio de 43 moaxajas andaluzas,* Madrid, Sociedad de Estudios y Publicaciones, 1965. A pesar de que el autor ha negado siempre la identificación de las jarchas con una posible poesía femenina, su libro constituye el corpus más importante de la poesía femenina hispano-árabe de tipo tradicional.

Garulo, Teresa: *Diwān de las poetisas de al-Andalus* Hiperion, Madrid, 1986. Estudio exhaustivo desde el punto de vista historiográfico sobre las mujeres poetas de al-Andalus, con una traducción de la producción poética de las mismas, ordenada por orden alfabético.Como la propia autora reconoce, no todas las que allí aparecen podrían considerarse poetisas y algunas son un invento literario.

Pérès, Henri: Esplendor de al-Andalus. Traducción española de *La poésie andalouse en arabe classique au XIe siècle. Ses aspects généraux, ses principaux thèmes et sa valeur documentaire,* Paris,1937, por Mercedes García Arenal,Madrid, Hiperión,1983. Con sus defectos —el autor creyó hechos reales lo que eran incluso tópicos literarios— y su antigüedad, sigue siendo la mejor obra sobre la creación literaria andalusí y la función de las esclavas cantoras en esta creación.

Rubiera Mata, María Jesús: *Introducció a la literatura hispanoàrab.* Col·lecció Xarq al-Andalus. Universitat d'Alacant, Alicante, 1989. Mencionamos esta obra aquí como referencia útil para tener una visión global del desarrollo de la literatura hispano-árabe.

BIBLIOGRAFÍA

Sobh, Mahmud, *Poetisas arábigo-andaluzas*. Diputación Provincial de Granada, sin fecha. Estudio y bella traducción de las poetisas de al-Andalus, que no todas son andaluzas como sugiere el título. La condición de poeta árabe del autor le hace acercarse al tema desde un punto de vista un tanto romántico.

Viguera, María J.(ed.) *La mujer en al-Andalus. Reflejos históricos de su actividad y categorías sociales. Actas de las Quintas Jornadas de Investigación Interdisciplinaria I. Al-Andalus,* Sevilla, Universidad Autónoma de Madrid y Editoriales Andaluzas Unidas, 1989. Esta obra es de gran importancia ya que es el primer trabajo monográfico sobre la mujer hispano-árabe, con las más recientes e interesantes aportaciones sobre el tema, como muestra su índice: "Estudio preliminar" de M.J. Viguera, con importante bibliografía; "La mujer y el trabajo en el Corán y el Hadiz" de Isabel Fierro; "La mujer en el espacio urbano musulmán" de Míkel de Epalza; "The image and Social Status of Urban Labour in al-Andalus" de Maya Shatzmiller; "Oficios nobles, oficios viles" de María Jesús Rubiera; "Acerca de la mujer musulmana en las épocas almorávide y almohade: elegías de tema femenino" de José María Fórneas; "Las mujeres de las clases sociales superiores de al-Andalus, desde la conquista hasta finales del califato de Córdoba" de Manuela Marín; "Presencia de la mujer en la corte de al-Mu'amid de Sevilla" y "Tres maestras sevillanas de la época del Califato Omeya" de Rafael Valencia; "Las mujeres sabias en al-Andalus" de María Luisa Ávila; "Sobre las poetisas de al-Andalus" de Teresa Garulo; "Mujeres, campesinas, mudéjares" de Carmen Barceló, y "La mujer morisca: sus actividades" de Ana Labarta.

36

Criterios de esta edición

Esta no es exactamente la edición de las obras de las poetisas hispano-árabes, sino una versión en español de las mismas. Los poemas de nuestras autoras están originariamente en árabe clásico, en árabe dialectal o en un obscuro romance, escrito igualmente en alfabeto árabe, y nuestra labor ha sido hacer su traducción al castellano de los textos editados en sus lenguas originales.

Los textos de poesía clásica se encuentran en las siguientes obras: Al-Maqqari (s. XVII) *Nafḥ aṭīb min gusn al-Andalus ar-raṭīb,* editado por Iḥsān Abbās, Beirut,1968, IV; Ibn Saʿīd al-Magribī (s. XIII), *Al-Mugrib fi ḥula al- Magrib,* ed. Šawqi Ḍayf, El Cairo, II, s.d. y ad-Dabbī (s. XII) *Kitāb bugyat al-multamis fī tārīj riŷāl ahl al-Andalus,* edición F, Codera y J. Ribera, Madrid, 1865.

La mayor parte de los poemas habían sido traducidos al castellano por diversos autores y hemos preferido dar nuestra propia versión.

Los textos originales de las jarchas son más complejos porque no hay una edición completa. Hemos utilizado la edición de Emilio García Gómez, *Las jarchas romances de la serie árabe en su marco,* Madrid, 1965, "Métrica de la moaxaja y métrica española", *al-Andalus* 39 (1974),1-256, que es, entre otras muchas cosas, una edición de jarchas en árabe dialectal del mss *Ŷayš at-tawšīḥ* de Ibn al-Jaṭib y *Todo Ben Quzmān,* Madrid, 1972, 3 vols. Igualmente hemos utilizado la edición de S. Gāzi, *Dīwān al-muwaššaḥot al-andalusiyat,* Alejandría, 1979, 2 vols y de Soledad Gibert, *El Diwan de Ibn Jātima* de Almería (poesía arábigo-andaluza del siglo XIV), Barcelona, 1975.

A pesar de las excelentes versiones en castellano de Emilio García Gómez, hemos preferido utilizar nuestra propia traducción o versión de las jarchas, bien porque diferimos ligeramente de las del maestro de arabistas, o bien porque sus versiones en calco rítmico, admirable ejercicio, utilísimo en sus estudios de métrica, no nos parecía el más adecuado para esta antología.

Por otro lado hemos prescindido de algunas jarchas muy interesantes, pero de difícil interpretación aun hoy día. Aunque parte de las jarchas están en romance, la antigüedad y diversidad del mismo la hace ininteligible hoy, por lo que he unificado todas las jarchas, dándoles una versión española. El resultado es sorprendente porque la unidad de su temática resulta más evidente y las caracteriza como auténtica poesía femenina.

ANTOLOGÍA

CANCIONES ANÓNIMAS DE TIPO
TRADICIONAL

Canciones de requerimiento

Hemos agrupado aquí las jarchas en las que la mujer se dirige directamente a su amado, requiriéndole de amores. En ellas se manifiesta claramente el deseo femenino, a veces imperioso, por la caricia o el acto sexual, cuya expresión sería difícilmente permitida en otra civilización que la arábigo-islámica.

I

Si os vais, ¡oh señor!,
antes quiero besaros la boca roja,
bermeja como cúrcuma.

II

Mi señor Ibrāhīm,
¡oh dulce nombre!,
vente a mí
de noche.
Si no quieres,   5
ireme a ti,
dime a dónde,
a verte.

III

No te amaré
si no es con la condición

43

que unas mis ajorcas
con mis arracadas.[1]

IV

Si me quieres como bueno,
bésame este collar de perlas,
boquita de cerezas.

V

Amiguito, decídete,
ven a tomarme,
bésame la boca,
apriétame los pechos;
junta ajorca y arracada.
Mi marido está ocupado.

VI

¡Merced, oh mi amigo,
abandonada no me dejes!
Bien besa mi boquita.
¡Yo sé que no te irás!

VII

Si de noche vienes,
cuando te he citado,

---

1 Alusión a una postura en el acto sexual. La fórmula elocutiva procede de
la poesía árabe y se repite con frecuencia.

te daré los bucles y las trenzas
de mi pelo.

VIII

Deja mi ajorca,
y coge mi cinturón,
mi amigo Aḥmad,
sube conmigo a la cama,
vidita mía,
acuéstate desnudo.

IX

Dulce morenito.
¡Qué suerte la del amante
que duerma contigo!

X

Boquita de perlas en collar,
dulce como la miel,
ven, bésame, amigo,
ven junto a mí...

XI

¿Por qué, amigo mío,
has dejado de visitarme
con tus ojos hechiceros?

XII

Encanto, encanto, entrad aquí,
cuando el marido sea herido.[2]

XIII

Aḥmad, amado mío,
¡por el profeta!,
vendrás, ven a mí,
¡por Dios!,
ven amigo, ven.

XIV

¡Dulce saliva!
¡Déjame, por el profeta!,
¡déjame besarle!

Las canciones número I, II, III, IV, VI, X y XII corresponden a la edición
de E. García Gómez, *Las jarchas romances de la serie árabe en su marco*,
Madrid, 1965, respectivamente, números XX, I, IX, XI, XIII y III. Las VII,
VIII, IX, XI, XIII corresponden a la edición de S. Gazi. *Dīwān al-muwas-
saḥāt al-andalusiyya*, Alejandría, 1979, pp. I, 396; I, 229; II, 49; II, 92 y I,
83, respectivamente. La V se encuentra en la moaxaja núm. 196 de la anto-
logía de *Ŷayš at-tawšīḥ* de Ibn al-Jaṭīb (ms). La XIV es una jarcha de los
zéjeles de Ben Quzmān, núm. 54, de la edición de E. García Gómez, *Todo
Ibn Quzmān*, I, 277.

2 El argumento de esta copla, que es originariamente una *cançon de gilós*
occitana, se explica en la moaxaja donde se halla como una amenaza de una
mujer a su amante ante su afición a ir a batallar. Su ausencia motivará la
infidelidad.

Canciones de queja

*L*as canciones de este apartado manifiestan la protesta por los malos tratos del amante, físicos o morales, pero siempre relacionados con la corporeidad. A veces la mujer se queja de que ha sucedido lo que pedían en las canciones de requerimiento, para regocijo de los que hablan de la inconsecuencia femenina. La referencia al cuerpo desde el punto de vista femenino —esa alusión además reiterada a las cuentas desgranadas del collar— incluyen estas jarchas en la tradición poética femenina.

I

De improviso, besó mi boca,
se lo diré a mi madre.

II

¡Por Dios!, me desahogué gritando,
me ha roto mi pecho,
me ha herido mis labios
y me ha deshecho el collar!

III

¡Quieto, quieto, para, no seas agresivo;
me rompes el aderezo y esparces las cuentas del collar!

IV

No me toques, amigo,
no, no quiero al que hace daño;
el corpiño es frágil. ¡A todo me rehúso!

V

¡Merced, merced! ¡Oh hermoso, di!
¿Por qué me quieres, por Dios, matar?

VI

¡Cómo, pobre de mí, me ha dejado!
¡Mi vestido dejó alborotado y el peinado!

Las canciones I, II y III corresponden a la edición de S. Gāzi, pp. II, 95; I, 64 y I, 554 respectivamente. En las número IV, V, he seguido la edición y lectura de E. García Gómez en *Las jarchas,* números XXII y V. La VI se encuentra en un zéjel de Ibn Quzmān, edición y traducción de E. García Gómez, *Todo Ben Quzmān,* II, 639.

Canciones de confidente

Hemos agrupado aquí las canciones en que la mujer se dirige a un tercero para manifestarle sus cuitas de amor. La confidente más importante es la madre, que aparece como favorable e incluso haciendo labor de tercerías, en paralelismo con las cantigas de amigo galaico-portuguesas, y muy raramente como censora o guardadora, como en las canciones femeninas francesas. Junto a la madre aparecen otros personajes femeninos: hermanas, una adivina. Con estas interlocutoras de su mismo sexo, la mujer parece ser más cauta en sus expresiones de deseo que en otras canciones, y sólo vuelve a ser explícita en una canción dirigida a un indeterminado mensajero.

I

¿Qué haré yo, mamá,
mi amigo ya se va;
yo le quiero quieto.
¡Si tanto no lo amase!

II

¡Mamá, qué amigo!,
bajo la guedejita rubita,
el cuello blanco
y la boquita rojita!

III

Este chico, madre,
déjame ir a verlo,
por el barrio.

IV

Mamá, este doncel será todo mío
por las buenas o por las malas.

V

Decidme ¡oh gentes!
¿qué os parece?
¡Por Dios! Cómo mi señor
su medicina no me da.

VI

¡Ay, mamá, mi amigo se va
y no volverá más;
dime qué haré yo, oh mamá,
ni un besito me dejará.

VII

Mamá, me enamora este joven,
y no sé por qué,
y no soy capaz de decir no.

VIII

Ay mamá, si no cesa esta locura,
ay cuitada moriré,
tráeme vino del tabernero,
así sanaré.

IX

¡Dime antes de que te mate!
¿Quién soltó tus zaragüelles?
No fue el amigo nuevo, madre,
fue el antiguo.

X

¿Por qué sufro, ¡oh madre!, de esta manera
cuando mi amado vive en nuestra vecindad?
Si muero de amor, ¡oh gentes!,
preguntad a mi madre.

XI

¿Qué haré yo, mamá?
mi amigo está a la puerta.

XII

El vendedor de collares, mamá,
no quiere prestarme joyas.
El cuello albo verá mi señor,
no verá adornos.

XIII

Decid, oh hermanillas,
cómo contener mi mal,
sin el amigo no viviré yo.
¿A dónde iré a buscarlo?

XIV

¡Dime, si sois adivina
y si adivináis de verdad,
dime cuándo a mí vendrá,
mi amigo Isaacq.

XV

Mamá, dile a Jacob
que la cordura de las mujeres es poca,
que pase la noche lejos de mí;
mi amor es para el que se queda.

XVI

Enamorada estoy, ¡oh mamá!,
de este vecino, Alí el moreno.

XVII

Este desvergonzado, madre,
este charrán, me toma a la fuerza,
y no veo el final.

XVIII

No se queda, ni quiere decir palabra;
no sé con el pecho abrasado dormir, mamá.

بوقعت الكلمة من نفس معدة موضعا موثرا وجملة على إلا غلام عن المهمة

روضة رائقة وریاضة فائقة

قيل كان عيد بن يز بن الغلابس الهنيي دوة نزل للملك المزوم رسولا لما الغنرس فاقتبس من علومهم وقرأ الكتب وكان ماذا من تلك الغرة وركانبها ومن جهانها و كان أبو زبرة الباعر على القم وخليفة المنذر بز

Manuscrito árabe ilustrado con figuras humanas.
Foto cortesía de Ed. Lunwerg.

Interior del palacio de la Aljafería de Zaragoza.
Foto cortesía de Ed. Lunwerg.

XIX

Se marchó mi amigo
y mi pena es grande, mamá.
¿Cuál es mi culpa?
¿No será suya por dejarme, sola?

XX

Por Dios, mensajero, di al amigo
cómo dormirá conmigo: le daré mi cabello
tras las cortinas del lecho, a pesar del daño,
y añadiré mi pecho.

XXI

Mi amigo se oculta de mí en su casa.
¿Qué te parece?,
¿preguntaré a su vecino o qué haré?

Las canciones núm. II, V, VI, VIII, XI, XII, XIII, XIV, XVII y XVIII
corresponden a la edición de E. García Gómez en *Las jarchas,* XIV,
XXXVII, XXa, b, XXXa, b, 14.11.4, 2, 22 (serie hebrea), X y XV respecti-
vamente. La IV, IX, X y XIX corresponden a las moaxajas núm. 124, 80, 72
y 139. La III, VII y XX corresponden a la edición de S. Gāzi, II, 637; I, 113
y I, 402; La I (hebrea) corresponde a la edición de J. Solá Solé *Corpus de
poesía mozárabe,* Barcelona, 1973, LVIII. La XVI y la XXI corresponden a
zéjeles, de Ben Quzmān: E. García Gómez, *Todo Ben Quzmān,* núm. 76, I,
378 y núm. 142, II, 706.

Canciones de ausencia

*E*n este apartado hemos incluido las canciones en las que el tema fundamental es la ausencia del amante, que se expresa como soliloquio o bien como reproche al ausente, ya que aquéllas en que la mujer se queja al confidente de esta ausencia se han incluido en el apartado anterior. Estas canciones son las más asexuadas de todas y al mismo tiempo las más universales, de forma que algunas encuentran un paralelismo sorprendente en coplas de tipo tradicional de la lírica española.

I

A buena mañana,
di de dónde vienes;
ya sé que a mí no me amas
y amas a otro.

II

¿Qué haré o que será de mi amigo?
¡No te vayas de mí!

III

Se me fue mi amigo.
¿Cuándo nos reuniremos?

IV

¿Dónde y a quién preguntar
aquél cuyo amigo se fue de él?

V

Dime cómo llevar esta ausencia.
¡No tanto!
¡Ay de los ojos de la enamorada,
si no estás!

VI

Larga es la noche,
nadie está conmigo.
¡Corazón en quien pienso!
¿No te ablandarás?

VII

Mi amigo se retrasa.
¿Quién ocultó la luna,
para que se perdiera
y errase el camino?

VIII

Di qué haré yo.
A este amigo espero
y por él muero.

IX

Vase mi corazón de mí ¡Señor!
¿Cuándo volverá?

¡Tanto me duele por el amigo!
Enfermó está.
¿Cuándo sanará?

X

¿Dónde está el amigo?
Ve a él;
ha cruzado los mares,
Dios con él.

XI

Pájaro volador,
respóndeme
¿dónde estuviste hoy?
La noche pasaron insomnes
mis párpados,
sin probar el sueño.

XII

Mi amado, eres mi vecino,
tu casa está junto a mi casa
y ¿me abandonas?

XII

¡Oh moreno! ¡oh encanto de los ojos!
¿Quién podrá soportar la ausencia, amigo mío?

XIV

¿Hasta cuándo te apartarás de mí?
Si en mi corazón vives, ¿cómo no he de amarte?

Las canciones I, II, V, VIII, IX y XIII están realizadas sobre la edición de e. García Gómez *Las jarchas,* números 17, XXXVIII, II, 15, 9 y 20 respectivamente; la III y la IV sobre la edición del mismo autor en "Estudio del Dār aṭ-Tirāz. Preceptiva egipcia de la muwaššḥa". *Al-Andalus* 27 (1962), pp. 1-20, números 10 y 2; las IV, X, XI y XII corresponden a la edición de S. Gāzī, pp. I, 333; II, 624; I, 50 y II, 583. La IX corresponde al ms. de *Ŷayš at-tawšiḥ núm. 50* y la *XIV* es la edición y versión *de S. Gibert, El Dīwān de Ibn Jātima de Almería,* Barcelona, 1975, núm. 16 de moaxajas.

Albas

*L*as albas también pertenecen a la tradición de la lírica erótica femenina y aparecen en todas las literaturas medievales. En las jarchas se hallan representadas las dos formas de estos poemas: la hispánica, con el encuentro de los amantes al amanecer, y la ultrapirenaica de la despedida de los amantes a la hora del alba.

I

Ven, hechicero;
alba que está con tan bello fulgor,
cuando viene pide amor.

II

¡Alba de mi ardor!
¡Alba de mi alegría!
No estando el guardador[3]
esta noche quiero amor.

III

No dormiré, mamá,
al rayar el alba,

---

3 Es el vigilante, el espía, uno de los enemigos de los amantes en la literatura árabe medieval. Puede corresponder al padre, al marido, al encargado del harén, y como figura literaria aparece también en la poesía provenzal: el guardador.

viene Abū-l-Qāsim
con faz de aurora.

IV

Partió mi amigo al alba
y no me despedí de él.
¡Qué soledad la de mi corazón
en la noche al recordarle!

Las canciones I, II y III corresponden a la edición de E. García Gómez en
Las jarchas, núms. 7a, b; IV y XVII respectivamente. La V corresponde a la
edición de S. Gazi I, 459.

Canciones de cuna

*E*stas canciones son originariamente canciones de cuna o nanas, pero están reempleadas de forma erótica, bien como eco de ritos paganos antiquísimos en que el amante se confunde con el hijo, o bien por una simple transposición psicológica, muy conocida en todas las literaturas, por la que se utiliza en el diálogo amoroso expresiones materno-filiales. La voz femenina es evidente y tienen además el interés de ser las primeras canciones de cuna hispánicas conservadas, aún dentro de su reelaboración erótica.

I

Mi pequeñín, que no duerme y me llora, clama;
tiene hambre el pobre y me grita: ¡Señora mamá!

II

¿No vienes, niño mío, conmigo?
Hoy desayunarás,
te daré mi hermosura y mi pecho,
y no seré yo parca.

III

Como hijito ajeno,
ya no duermes en mi seno.

VI

Que adamé hijito ajeno y él a mí;
quiérelo de mí vedarlo su guardador.

La I es la versión de E. García Gómez "Tres interesantes poemas andaluces conservados por Hilli". *Al-Andalus,* 25 (1960), pp. 307-309; La II está editada por S. Gāzī, I, 102 y las III y IV por E. García Gómez, *Las jarchas,* números XVIII y XXVIIa, b respectivamente.

POETISAS HISPANO-ÁRABES

Ḥassāna At-Tamīmiyya Bint Abū-l-Mašī
(siglos VIII-IX)

*N*ació en la provincia de Granada —entonces llamada *Elvira*— a finales del siglo VIII y es por tanto la primera poetisa árabe de al-Andalus. Su abuelo fue un sirio damasceno que se instaló en El Jau (Santafé de Granada) y su padre, Abū-l-Majšī, fue un poeta panegirista del emir Abderrahmán I y seguramente también el primer poeta árabe nacido en tierras hispánicas. Tuvo la desgracia de despertar las iras del príncipe Hišām —luego emir Hišām I— que ordenó cortarle la lengua a causa de unos versos en los que se creía satirizado. Cuentan las crónicas que, insólitamente, la lengua le volvió a crecer en parte. De todas formas, Abū-l-Majšı fue compensado por la familia omeya de esta mutilación, recibiendo una pensión o unas propiedades, cuyos derechos van a ser el tema de la poesía de su hija.

Ḥassāna debió aprender a hacer poesía con su padre y, como él, escribió poemas al estilo antiguo o beduino, panegíricos en honor de los emires al-Ḥakam I (796-822) y Abderrahmán II (822-852), para conseguir la protección del primero como huérfana y soltera, y del segundo, como viuda con hijos.

I

A AL-ḤAKAM I CON MOTIVO DE LA MUERTE
DE SU PADRE ABŪL-I-MAJŠĪ.

A ti vengo ¡oh al-Ḥakam!
doliente por Abū-l-Majšī.
¡Dios riegue su tumba
de lluvia perenne![4]
Yo vivía en la abundancia,
amparada en su bondad,
hoy me refugio en la tuya
¡oh al-Ḥakam!
Tú eres el guía
al que toda la gente sigue
y al que todas las naciones
dieron las llaves del poder.
Nada temo si tú eres el escudo
en el que me protejo;

---

4 Fórmula fúnebre que aparece en epitafios y trenos árabes, semejante a la
latina: "la tierra te sea leve" o a nuestro R.I.P., que procede de un rito
pre-islámico en el que se arrojaba agua sobre la tumba.

ningún mal podrá afligirme.
¡Continúa cubierto de una gloria
que hace someterse a árabes y no árabes!

II

AL EMIR ABDERRAHMÁN II PIDIÉNDOLE PROTECCIÓN CONTRA ŶĀBIR, GOBERNADOR DE ELVIRA

Hacia el de la generosidad y la gloria
fueron mis cabalgaduras, desde lejos,
abrasadas por el fuego del mediodía,
para que repare mis quebrantos,
pues es el mejor reparador,
y para que me proteja
del señor de la injusticia, Ŷābir[5].
Mis hijos sin padre y yo
estamos en sus manos,
como pájaros en las garras de un águila.
Mucho merezco que de mí se diga
que estoy aterrada por la muerte de al-Ḥakam
que era mi valedor;
¡caiga sobre él la lluvia!
Si viviese,
el destino feroz no me hubiese entregado
a la ferocidad de un poderoso.
¿Conseguirá Ŷābir borrar
lo que la mano de al-Ḥakam escribió?
Entonces la mayor maldad
se cometerá con lo que poseo.

---

5 El nombre del gobernador de Elvira, Ŷābir, significa reparador, y Ḥassā-
na hace este juego paranomásico.

III

A ABDERRAHMÁN II, AGRADECIÉNDOLE EL HABERLE
ATENDIDO A SU PETICIÓN

¡Oh hijo de los dos Hišām![6],
el más generoso de los hombres,
el mejor pasto para quien lo anda buscando[7].
¡Cuando entra en el combate,
blandiendo su lanza,
tiñe su extremo de purísimo rojo!
Decidle: ¡Oh el de más preclaro linaje
de todos los humanos,
de noble estirpe por sus padres y abuelos!
Has sido generoso conmigo
y no has consentido en mi injusticia:
por ello has de ser siempre alabado.
Si acampo, me cubres con tus dones,
y si parto, me das el viático para el camino.

Los textos se encuentran en el *Nafḥ aṭ-Ṭīb* de al-Maqqarī, ed. I. ‘Abbās,
Beirut, 1968, IV, 169-170.

6 Sobrenombre genealógico del emir Abderrahman II.
7 Las imágenes de la vida beduina caracterizan esta poesía de tipo antiguo:
aguadas, pastos, desiertos, cabalgaduras.

Ḥafṣa Bint Ḥamdūn de Guadalajara
(siglo X)

Sólo conocemos el nombre de esta poetisa y el de su lugar de origen. La referencia en uno de sus poemas a sus esclavos nos hace suponer que estaba en buena posición. Sus poemas son de estilo "modernista".

I

Cree el hermoso
que la vida es hermosa,
que el fluir de sus favores
abarca a todo el mundo;
pues él tiene un carácter
como el vino tras ser mezclado,
y una belleza que no la hay más dulce
en toda la creación;
su rostro es como el sol
que atrae a los ojos de su hermosura
y los ciega con el exceso de su fuerza.

II

Tengo una amigo
que no se inclina ante los reproches,
y cuando le dejé,
se llenó de despecho y me dijo:
¿has conocido a alguién

que se me parezca?
y yo le dije también:
¿Y tu, has visto a alguien como yo?

III

¡Qué soledad sin mis amigos!
¡Qué soledad constante!
¡Oh noche de su despedida!
¡Oh noche terrible!

IV

¡Oh señor, mis esclavos me tienen sobre ascuas!
No hay entre ellos ni uno bueno;
son ignorantes, necios, enojosos,
o tan listos, que en su astucia, no responden.

Nafḥ aṭ-Ṭīb, IV, 285-286.

'Ā'iŝa Bint Aḥmad Ibn Muḥammad Ibn Qādim de Córdoba

Era de familia ilustre y adinerada, con algunos parientes literatos. Seguramente hija única, dispuso de toda la herencia paterna y dedicó toda su vida a las letras, permaneciendo soltera, lo que es realmente extraño en una sociedad como la musulmana. Fue admirada por su erudición y su buen hacer literario, así como por su buena caligrafía, que empleaba en copiar coranes. Escribió panegíricos como un poeta masculino y también debió tener correspondencia con otros literatos. Su estilo ya es plenamente neoclásico, como corresponde a su época en la que ya estaba vigente el modelo de al-Mutanabbī, el gran poeta neoclásico oriental.

I

PANEGÍRICO A AL-MUẒAFFAR, HIJO DE ALMANZOR, SUCESOR SUYO EN EL PODER SOBRE AL-ANDALUS (1002-1009).

¡Que Dios te muestre lo que deseas
y no cesen de aumentar tus altos hechos!
Los signos de su rostro y su horóscopo
muestran lo que puedes esperar de él;
los corceles le ansían, las espadas le anhelan
y relucen por él los estandartes;
te parecerá luna en lo más alto del cielo
y sus estrellas son los ejércitos.
¿Acaso podría ser de otra manera un cachorro
que engendraron para la gloria leones sementales?
Sois, los Amiríes[8], el más noble linaje;
vuestros vástagos y vuestros antepasados, intachables;
vuestros jóvenes son prudentes como ancianos;
vuestros ancianos valientes como jóvenes.

---

8 Apellido de la familia de Almanzor.

II

POEMA QUE ESCRIBIÓ A UN POETA QUE NO LE AGRADABA.

Leona soy, pero no me agradaron jamás
los cubiles de los otros;
pero si hubiese de elegir alguno,
no escucharía a un perro,
cuando he hecho oídos sordos a los leones.

Nafḥ aṭ-Ṭīb, IV, 290.

Maryam Bint Abī Ŷaʻqūb Al-Fayṣulī Al-Anṣārī de Silves (siglo XI)

Su familia era originaria de Silves, pero vivió en Sevilla, donde se dedicó a la enseñanza. Hizo la peregrinación a La Meca y es la única de nuestras poetisas de la que consta el cumplimiento de esta obligación musulmana. Tuvo fama de mujer virtuosa.

I

POEMA QUE ESCRIBIÓ COMO RESPUESTA A OTRO QUE LE ENVIÓ EL POETA AL-MUHANNAD, ANTIGUO ALUMNO SUYO, EN LA QUE LA COMPARABA EN VIRTUD A LA VIRGEN MARÍA Y COMO POETISA A AL-JANSĀ', UNA MÍTICA POETISA PRE-ISLÁMICA.

¿Quién puede disputar contigo en palabras y obras?
Te apresuras a ser generoso, sin que se te pida.
Mas, cómo no mostrar mi agradecimiento
cuando has puesto en mi cuello, collar de perlas,
de gratitud por el pasado?
Me has adornado con alhajas
y aparezco resplandeciente
por encima de las que no se adornan con joyas.
Dios te ha concedido un noble carácter,
dulce como el agua del Éufrates y un poema de amor.
Tu poesía está llena de imágenes retóricas
y aparece como el más bello ejemplo.
Quien tiene como padre a la afilada espada,
no puede engendrar sino sables y lanzas.

II

LA VEJEZ

¿Qué se puede esperar de una mujer de setenta y siete años,
que es tan frágil como la delicada tela de araña?
y gatea como un niño, buscando el bastón,
y camina como el cautivo, cargado de cadenas.

Nafḥ aṭ-Ṭīb, IV, 291.

Ṣafiyya Bint ʿAbd Allāh de Málaga
(siglo XI)

No sabemos de ella más que se murió en el año 1029, cuando aún no tenía treinta años. Debía ser de familia acomodada, pues su orgullo era tener buena letra y la caligrafía ocupaba, en nuestra opinión, el lugar del bordado en las ocupaciones de las damas musulmanas.

I

Ella me ha puesto faltas a mi caligrafía
y le he dicho: ¡Basta!,
te mostraré las perlas del collar de mis líneas;
le he pedido a mi mano
que escriba las mejores letras,
he buscado mis cálamos,
mis hojas y mi tintero;
he escrito estos tres versos
que he compuesto para mostrarle mi escritura
y he dicho: ¡Mira!

Ad-Dabbī *Bugya,* núm. 1586.

Al-Gassāniyya de Pechina (Almería)
(siglo XI)

*P*oco se sabe de ella: sólo que era poetisa y que componía panegíricos. De este tipo de casidas es el fragmento de su poesía que se ha conservado: un panegírico dedicado a Jayrān, rey de Almería en época de las taifas (m. 1028), en el que intentaba emular una casida de Ibn Darrāŷ de Cazalla (Jaén), el más famoso panegirista de Almanzor y perfecto poeta neoclásico.

I

¿Te entristece que digan:
han partido los palanquines de las mujeres?
¿Cómo podrás soportarlo, ay de ti,
cuando se vayan?
No hay más que muerte a su partida,
y si no, una resignación
como acíbar y tristeza;
la vida era dulce
bajo la sombra de su presencia,
y el jardín de la unión amorosa
el más fragante perfume;
¡Qué felices noches en las que no temía a los reproches
por la pasión,
ni me asustaba que hubiese huida
a nuestra unión!
¡Ojalá supiera, ahora en la separación,
si todo será después como fue antes!

Nafh at -Tīb, IV, 170-171 y *Mugrib de Ibn Sa'īd* ed. Šawqī Ḍayf, El Cairo,
s. d II, 192.

Wallāda la Omeya
(siglo XI)

*D*urante el primer cuarto del siglo XI la ciudad de Córdoba busca entre los príncipes omeyas un califa que le haga recuperar su pasado esplendor, con sucesivas proclamaciones que terminan trágicamente cuando los efímeros califas no dan la talla que los duros tiempos exigen: uno de ellos fue Muḥammad III al-Mustakfī, proclamado califa como Claudio emperador, al encontrarlo escondido en palacio. Ignorante, grosero y cobarde, fue califa menos de dos años (1024-1025), huyó de Córdoba disfrazado de cantora y fue asesinado en Uclés. Dejó en la ciudad a una hija, Wallāda, que era su opuesto respecto a la cultura y el coraje: salió del harén de las vírgenes de buena familia, puso salón literario, hizo poesía y tuvo amantes notorios, entre ellos el poeta Ibn Zaydūn que inmortalizó sus amorios con algunos de los poemas más bellos de la literatura hispano-árabe, a pesar de las aguzadas sátiras que le dedicase Wallāda. Arruinada y tal vez enamorada realmente del visir Ibn Abdūs, quien motivara los celos de Ibn Zaydūn, cerró el salón literario, la vida escandalosa y vivió a la sombra de Ibn Abdūs, aunque nunca se casó con él ni con ningún otro. Frente a su amante Ibn Zaydūn, supo expresar mejor que el amor el odio, con sus punzantes sátiras.

I

POEMA QUE WALLĀDA HIZO BORDAR EN ORO
SOBRE SU VESTIDO

Yo ¡por Dios! merezco la grandeza
y sigo orgullosa mi camino.
Doy gustosa mi mejilla a mi enamorado
y doy mis besos a quien los quiera.

II

ESCRIBIÓ EN UN BILLETE PARA CITAR A
IBN ZAYDŪN

Cuando las tinieblas se espesen, espera mi visita,
pues creo que la noche
es la mejor guardadora de secretos;
lo que siento por ti, al sol impedirá brillar,
a la luna salir y a las estrellas correr.

WALLĀDA LA OMEYA

III

POEMA A IBN ZAYDŪN QUEJÁNDOSE DE SU AUSENCIA

¿Habrá solución para nosotros de este distanciamiento?
¡Todos los enamorados se quejan de lo mismo!
He pasado las horas de las citas durante el invierno,
ardiendo en las ascuas de la pasión.
¡Y cómo, si estoy de ti separada
y el destino ha sido rápido en traer lo que temía!
Pasan las noches, no veo que la separación termine,
y no tengo entereza para librarme de la esclavitud de la
pasión;
¡Dios riegue la tierra que sea para ti morada
con abundantes y perennes lluvias![9].

III

A IBN ZAYDŪN, REPROCHÁNDOLE SU DESVÍO Y SU INCLINACIÓN POR UNA ESCLAVA NEGRA

Si hubieses sido justo en el amor que hay entre nosotros,
no amarías, ni hubieses preferido, a una esclava mía.
Has dejado la rama que fructifica en belleza
y has cogido rama que no da frutos.
Sabes que soy la luna de los cielos,
pero has elegido, para mi desgracia, sombrío planeta.

---

9 Wallāda utiliza la fórmula funeraria que ya hemos mencionado. Tal vez le
desea la muerte.

Caja de madera, chapada en plata dorada, de al-Hakam, II (961-976) cate-
dral de Gerona. Foto cortesía de Ed. Lunwerg.

Baños árabes. Granada. Foto cortesía de Ed. Lunwerg.

IV

SÁTIRA DEL SEIS, CONTRA IBN ZAYDŪN

Te apodas El seis
y este mote no te dejará mientras vivas:
pues eres marica, puto y fornicador,
cornudo, cabrón y ladrón.

V

OTRA SÁTIRA CONTRA IBN ZAYDŪN

A pesar de sus méritos,
Ibn Zaydūn ama las vergas de los zaragüelles;
si hubiese visto falo en las palmeras,
se habría convertido en pájaro carpintero.

Nafḥ aṭ-Ṭīb, IV, 205-206.

105

Muhŷa (siglo XI)

No sabemos en qué circunstancias, Muhŷa, hija de un vendedor de higos cordobés, conoció a la princesa Wallāda, que según las crónicas se prendó de ella y cuidó de su educación hasta que se convirtió en poetisa. Se ha supuesto una relación lesbiana entre ellas, pero no hay una razón evidente que lo pruebe. Los príncipes omeyas del siglo XI jugaban a menudo a un casticismo semejante al de nuestros nobles y príncipes del XIX. El descaro de Muhŷa debió encantar a la caprichosa princesa Wallāda, aunque luego se volviese contra ella, por motivos que desconocemos, tal vez por rivalidad ante un amante masculino, pues Muhŷa era muy bella.

I

Wallāda ha parido y no tiene marido;
se ha desvelado el secreto:
se parece a María,
pero la palmera que ella sacude es un pene recto[10].

II

Defiende la línea de sus labios de los que los desean,
como se defiende la línea de la frontera de los atacantes;
a una la defienden los sables y las lanza,
a la otra la defiende la magia de la mirada.

10   Wallāda significa "gran paridora" y la poetisa juega con el sentido del
nombre, sin que esto suponga que la princesa tuviese hijos. La Virgen Ma-
ría, según el Corán, XIX, 23-25, al sentir los dolores del parto se acercó a
una palmera y la sacudió.

III

A UN ENAMORADO QUE LE REGALO MELOTOCONES.

¡Oh tú que regalas melocotones a tus amigos!
¡Bienvenido sea lo que refresca los corazones!
Su redondez se asemeja a los pechos de las doncellas,
pero hace avergonzar a las cabezas de los penes.

Nafh at-Ṭīb, IV, 293.

Buṭayna Bint Al-Muʻtamid
(siglo XI)

*H*ija del famoso rey de Sevilla al-Muʻtamid ibn ʻAbbād y de su esposa favorita Rumaykiyya. Nacida y crecida en el palacio de Sevilla donde todo era poesía, no es extraño que compusiese versos como el resto de su numerosa familia, pero sólo se ha conservado un poema, escrito en circunstancias dramáticas. Tras la conquista de Sevilla por los almorávides (1091) y el destronamiento de su padre, Buṭayna fue hecha prisionera como botín de los conquistadores y vendida como esclava. Su amo la destinó a concubina de su hijo, pero Buṭayna se negó a entregarse a él sin haber contraído matrimonio y haber pedido permiso a su padre, tras revelar su linaje. El poema conservado es la petición de Buṭayna al rey Al-Muʻtamid, desterrado y cautivo en Agmat, cerca de Marraqués, para contraer matrimonio. El rey aceptó el matrimonio con un verso: «Hijita mía, sé piadosa esposa con él: las circunstancias han decretado que le aceptes». El poeta y dramaturgo egipcio contemporáneo Aḥmad Šawqī hizo una obra de teatro con la historia de Buṭayna, titulada «La princesa de al-Andalus».

I

¡Escucha y atiende mis palabras,
pues ésta es la actitud de los nobles!
Sabréis que fui hecha cautiva,
yo que era hija de un rey de los Banū 'Abbād,
un gran rey en una época ya lejana,
pues el tiempo conduce siempre a la ruina.
Cuando Dios quiso separarnos
y nos hizo probar el sabor de la tristeza,
se alzó la hipocresía contra mi padre en su reino
y la separación, que nadie quería, se hizo presente.
Salí huyendo y se apoderó de mí un hombre
que no fue justo en sus actos, pues me vendió como esclava,
aunque a alquien que de todo me protege
excepto de la adversidad
y quiere casarme con un hijo suyo,
casto, adornado de las bellas cualidades de los nobles
y que ha ido a ti a pedirte si estás de acuerdo:
ya ves que actuó correctamente.
Ojalá, padre mío,
me hagas conocer si esperar puedo mi amor,
y ojala Rumaykiyya, la real, con su favor,
pida para nosotros la felicidad y la dicha.

Nafḥ aṭ-Ṭīb, IV, 284.

Umm al-Kirām Bint al-Muʿtaṣim ibn Ṣumādiḥ de Almeria (siglo XI)

*U*mm al-Kirām es otra princesa-poeta, como Buṯayna, de la familia de los Banu Ṣumādiḥ de Almería, donde también todos eran poetas. Además de poesía clásica, dicen que componía moaxajas, pero no se ha conservado ninguna. La princesa se enamoró de un paje llamado As-Samar (El Moreno), amores que cortó su padre al-Muʿ taṣim, celoso de su linaje aristocrático árabe y que despreciaba incluso a los reyes de Denia por ser de origen servil. El amado de la princesa debía ser, además de un esclavo o un liberto, de color negro, pero no eunuco como se ha supuesto —no todos los esclavos se castraban— ya que esta condición habría hecho absurdo el amor de Umm al-Kirām y la cólera de su padre.

I

¡Oh gentes!, maravillaos
de lo que logra la enfermedad de amor,
a hacer descender a la luna
de la obscura noche desde los cielos a la tierra.
Amo de tal manera que si él se separase de mí,
mi corazón le seguiría.

II

¡Ojalá supiera encontrar el medio para estar solos,
y apartar de nosotros los oídos del espía!
¡Oh maravilla!
Amo estar a solas con quien viene,
cuando mora en mis entrañas y en mi pecho!

Mugrib, II, 202-203.

117

Umm al-'Ala' Bint Yūsuf de Guadalajara
(siglo XI)

*E*ra de origen beréber y apenas se sabe más de ella. Su origen étnico pudo influir para que pudiese frecuentar libremente las tertulias poéticas, como podrían indicar sus poemas báquicos, ya que entre algunos grupos tribales beréberes la tradición de un matriarcado ancestral, permitía una mayor libertad a las mujeres, como ir sin velo y frecuentar las tertulias del medio beduino.

I

PANEGÍRICO

Todo lo que viene de vos es bueno
y vuestra gloria adorna al tiempo;
los ojos inclinan a miraros
y vuestra mención endulza los oídos;
quien vive sin vos, vive engañado
si espera conseguir sus deseos.

II

A UN HOMBRE CANOSO QUE SE ENAMORO DE ELLA

Las canas no engañan con tretas al amor,
escucha mi consejo:
no te hagas más tonto de lo que eres,
viviendo en la ignorancia como aparentas.

121

II

¡Por Dios! en mi jardín
cuando se agitan las cañas llenas de rocío
parece como si las manos de los vientos
tremolasen banderas.

IV

Si no fuera porque el vino
es rival del amor y el canto,
juntaría sus copas y reuniría
todas las causas del deseo.

Nafḥ aṭ-Ṭīb, IV, 169, *Mugrib,* II, 38.

La de Vélez

*N*o sabemos su nombre, sino sólo que era de Vélez (de *Málaga o Vélez Rubio o Vélez Blanco). Era analfabeta por lo que debió aprender a hacer poesía de forma oral. Sólo se conserva un poema que compuso cuando era soltera y estaba en casa de su padre.*

I

La mejilla de mi amado es como una rosa
por la belleza de su blancura;
Cuando está entre la gente es irritable,
pero, a solas, es amable.
¿Cuándo se hará justicia al oprimido,
cuando el injusto es el juez?

Ad-Dabbī *Bugiat* num. 1586.

Nazhūn Bint Al-Qālaī de Granada (siglo XII)

*N*o hay datos biográficos que permitan adscribirla a un estrato social determinado. Vivió en la primera mitad del siglo XII, en época almorávide, y lo que sabemos de ella son las aceradas sátiras que cruzó con varios poetas de su época de sus mismas características, como al-Majzūmī o el famoso Ibm Quzmān al que llamó "vaca de los israelitas".

I

¡Qué maravillosas son las noches,
qué hermositas son!
Y la más bonita sería la noche del domingo,
si estuvieses conmigo,
con la mirada del espía descuidada
y sin que nos viese nadie.
Verías al sol de mediodía en brazos de la luna,
mejor a una gacela en brazos de un león.

II

A UN PRETENDIENTE FEO QUE LA PEDIA EN
MATRIMONIO.

¿Quién me defenderá de este amante antipático,
que no entiende los gestos y los deseos?
Quiere unirse a alguien que no le daría
ni siquiera una bofetada;
con una cabeza necesitada de un cauterio
y un rostro necesitado de un velo.

Nafh aṭ-Ṭīb, IV, 298, *Bugyat*, núm. 1588.

Umm Al-Hannā' de Granada
(siglo XII)

Era hija del cadí Abū Muhammad 'Abd al-Haqq ibn 'Atiya de Granada que fue maestro suyo, transmitiéndole su ciencia, de tal forma que Umm al-Hanā' escribió un libro sobre enterramientos. Sólo se conserva una poesía suya, que recitó a su padre un día que la encontró llorosa, al ser nombrado cadí de Almería, y pensó que sus lágrimas eran debidas a la tristeza que le causaba marcharse de su patria. En realidad Umm al-Hanā' lloraba de alegría por haber recibido una carta de su amado.

I

Ha llegado carta de mi amado
en la que dice que vendrá a visitarme
y mis párpados han desprendido lágrimas;
la alegría me ha invadido de tal modo
que el exceso de mi contento me ha hecho llorar.
¡Oh ojos que siempre lloráis,
unas veces de alegría, otras de tristeza!
¡Haced que esté alegre el día del encuentro
y dejad las lágrimas para la noche de la separación!

Nafḥ aṭ-Ṭīb, IV, 292.

Las hermanas Banāt Ziyād de Guadix

Se llamaban Ḥamda y Zaynab y los autores árabes me-dievales difieren en atribuir a una o a otra los poemas que se conservan, aunque parece ser que Ḥamda fue la más famosa. Como el resto de las mujeres de al-Andalus no pertenecientes a la aristocracia, fueron poetisas gracias al ambiente literario que se respiraba en sus hogares pater-nos. La poesía de ambas corresponde al período del pre-ciosismo andalusí y su expresión es idéntica a la de los poe-tas varones, usan el punto de vista masculino, incluso dedi-cando poemas a otras mujeres. No creemos que se trate de lesbianismo sino de la asimilación total de los esteriotipos de la poesía árabe culta.

I

POEMA, QUE COMPUSO ḤAMDA CUANDO FUE AL RÍO
CON UNA JOVEN, Y CUANDO ÉSTA SE DESNUDÓ
COMPLETAMENTE DIJO:

Las lágrimas revelan mis secretos en un río
donde hay tantas señales de belleza:
es un río que rodea jardines,
y jardines que bordean al río;
entre las gacelas hay una humana
que posee mi alma y tiene mi corazón;
cuando entorna los ojos por alguna razón,
esa razón me impide a mí dormir;
cuando suelta sus bucles sobre el rostro,
parece la luna en las tinieblas de la noche;
es como si a la aurora se le hubiese muerto un hermano
y de tristeza se hubiese vestido de luto.

II

Cuando los calumniadores no querían
sino nuestra separación,
sin que ni tú ni yo pudiésemos rebelarnos;
cuando se lanzaron al asalto de nuestra fama,
silenciando a los que nos protegían y ayudaban,
les combatí desde tus ojos, con mis lágrimas
y mi alma que son: espada, torrente y fuego.

Nafḥ aṭ-Ṭīb, IV, 287-88.

Ḥafṣa Bint al-Ḥāŷŷ Ar-Rakūniyya de Granada
(1135-1191)

*E*s la más importante de las mujeres poetas de al-Andalus por la calidad y cantidad de sus poemas. Su origen beréber, aunque nació en Granada, no nos parece ajeno a esta importancia, como ya hemos mencionado. Su padre pudo llegar a al-Andalus con la dinastía almorávide que era beréber, pues Ḥafṣa aparece en los círculos aristocráticos de la Granada almorávide. Tuvo una esmerada educación y una libertad de movimientos que indican esta situación privilegiada. Su poesía asimila los tópicos de la poesía árabe y les da un tinte nuevo, al que no es ajena su sensibilidad femenina, pues jamás usa del travestismo poético de sus contemporáneas. La mayor parte de su poesía tiene como motivo sus apasionados amores con el también poeta y aristócrata granadino, Abū Ŷaʿfar ibn Saʿīd de Alcalá la Real, con el que intercambiaba poemas amorosos "igual que zurean entre sí las palomas", según uno de sus biógrafos medievales. Tras la muerte violenta de su amante, Ḥafṣa le guardó fidelidad y luto, abandonando la poesía. Murió en Marraquex como preceptora de las hijas del califa almohade en 1191.

I

A UNA BOCA

Elogio una boca porque sé lo que digo,
por ciencia y experiencia;
le hago justicia, por Dios que no miento,
he bebido de ella saliva más dulce que el vino[11].

II

A UNA DAMA QUE LE PIDIÓ UN ESCRITO DE SU PUÑO Y LETRA.

¡Oh bella señora y más aún noble señora!,
aparta tus ojos de las líneas que trazó mi cálamo
si no es para mirarlas con amor,
sin prestar atención a sus defectos de escritura y estilo.

---

11 Hafsa no fue considerada una poetisa obscena como Nahzūn, ni siquie-
ra atrevida. Estos versos son absolutamente tópicos y se consideran un ejer-
cicio retórico de su edad juvenil.

III

RESPUESTA A UN POEMA DE ABŪ ŶAʿFAR IBN SAʿĪD EN
EL QUE PEDÍA UNA CITA Y EN EL QUE LE RESPONDE
VELADAMENTE, MEDIANTE LA ALUSIÓN A LOS CÁLICES
DE LAS FLORES, QUE ERA EL NOMBRE DE UN PABELLÓN
DE LOS JARDINES DEL POETA.

¡Oh tú que te proclamas el más amado
y deseado por las mujeres!
Ha llegado tu poema,
pero no me agrada su estilo.
¿Acaso el que se dice enamorado
puede sujetar las riendas de la desesperación?
Has cometido toda clase de errores
y tu alta posición no te sirve de nada;
te has creído seguro de triunfar en esta lid,
hasta que has tropezado y sientes vergüenza,
al confesar tu fracaso.
¡Por Dios, en todo tiempo,
las nubes hacen caer la lluvia
y las flores siempre abren sus cálices.
Si entendieses mis palabras,
harías callar a tu lengua mordaz.

IV

A ABŪ ŶAʿFAR.

¿Vienes tú a mí o voy yo a tu lado?,
pues mi corazón se inclina a lo que tú deseas;
mis labios son aguada dulce y transparente
y mis bucles ramas que dan sombra;

pues espero que estés sediento y ardiente
cuando llegue junto a mí la hora de la siesta;
Contéstame rápidamente,
pues no está bien que rechaces a Butayna ¡oh Ŷamīl![12].

V

SÁTIRA QUE ESCRIBIÓ ḤAFṢA AL ALIMÓN CON ABŪ ŶA'.
FAR AL ENTERARSE QUE EL DESVERGONZADO POETA
AL-KUTANDĪ (EL DE CUTANDA), QUE LES ESTABA
IMPORTUNANDO, SE HABÍA CAÍDO A UNA CLOACA.

Dile a ése del que nos ha librado
su caída en la mierda:
vuelve a la cloaca
de donde saliste
¡oh hijo de la mierda!
Y si un día vuelves a importunarnos
cuando estamos juntos,
verás, ¡oh el más vil y bajo de los hombres,
sin ninguna duda!
que ésta es la suerte que te espera,
si andas como dormido.
¡Oh barba amante de la mierda
y que odia el ámbar!
¡Dios no permita que nadie se te acerque
hasta que estés en la tumba!

---

12 Frente a otras poetisas contemporáneas suyas, Ḥafṣa expresa el deseo
femenino y aplica los tópicos de la descripción de la mujer en poesía árabe,
a sí misma. Butayna y Ŷamīl son dos amantes famosos de la época omeya
(siglos VII-VIII) en Oriente.

VI

ḤAFṢA Y ABŪ ŶAʻFAR SE ENCONTRARON EN UN JARDÍN
LLAMADO LA ALAMEDA DE AL-MŪʼ AMMAL EN
GRANADA Y AL DESPEDIRSE ABŪ ŶAʻFAR COMPUSO UN
POEMA, DICIENDO QUE EL JARDÍN SE ALEGRABA CON
SU AMOR, SEGÚN EL TÓPICO POÉTICO ÁRABE, A LO QUE
ḤAFṢA REPUSO.

¡Por tu vida!, el jardín no se alegraba con nuestro amor,
antes bien parecía lleno de celos y envidia;
el río no batía palmas alborozado por nuestra presencia,
y la tórtola no gritaba sino sus penas;
y no creo que el cielo mostrase sus estrellas
si no era para espiarnos.

VII

A ABŪ ŶAʻFAR REPROCHÁNDOLE SUS AMORES CON UNA
ESCLAVA NEGRA[13].

¡Oh tú que eras el hombre más fino del mundo
antes que el destino te hiciera caer!
Estás enamorado de una negra como la noche,
donde se ocultan los encantos de la belleza;
donde no se ve la hermosura del rostro,
ni, desde luego, el rubor de sus mejillas.
¡Dime tú que sabes tanto de amar a las formas bellas!
¿Quién puede amar un jardín que no tienes flores?

---

13 Posiblemente estos amores no existieron y se trata de un tópico literario:
el mismo tema motivó unos versos de Wallāda a Ibn Zaydūn.

La Alhambra de Granada. Foto cedida por Ed. Lunwerg.

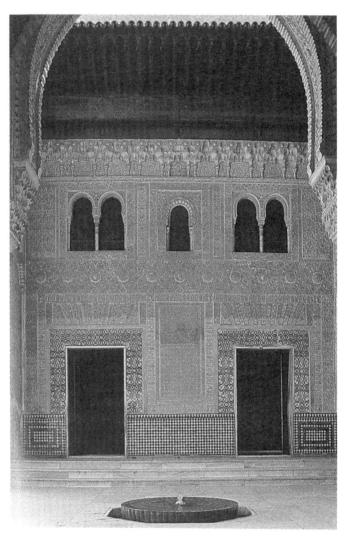

La Alhambra de Granada. Foto cedida por Ed. Lunwerg.

VIII

POEMA CON EL QUE FELICITÓ A ABŪ ŶAR'FAR POR
HABER SIDO NOMBRADO SECRETARIO DEL
GOBERNADOR ALMOHADE DE GRANADA, ABŪ SA'ĪD.

Has llegado a la cima,
mientras tus enemigos, con su maldad,
y sabiendo lo que significa,
dicen: ¿Por qué?
Pero ¿es posible negar
que domine a sus contemporáneos,
alguien que corre hacia la gloria
y sólo le detiene la villanía?

IX

PANEGÍRICO AL GOBERNADOR ALMOHADE CON
MOTIVO DE LA CELEBRACIÓN SOLEMNE DE UNA PASCUA
MUSULMANA.

¡Oh glorioso hijo del Califa y Guía escogido!
Te felicita una fiesta que trae el cumplimiento de las
[aspiraciones;
a ti llega quien tú amas, uniendo ceremonia y satisfacción
[personal
de recuperar los placeres que se fueron y pasaron.

HAFSA BINT AL-ḤĀŶŶ AR-RAKŪNIYYA DE GRANADA

X

A ABŪ ŶA'FAR.

Siento celos de mis ojos y de mí misma,
de ti, de tu tiempo;
aunque te encerrase en mis ojos hasta el día del juicio,
no estaría satisfecha.

XI

BILLETE ENVIADO A ABŪ ŶA'FAR ANUNCIÁNDOLE SU
VISITA.

Un visitante llega a tu casa,
cuyo cuello es de gacela,
luna creciente sobre la noche;
su mirada tiene el embrujo de Babilonia,
y la saliva de su boca es mejor
que la de las hijas de la parra;
sus mejillas afrentan a las rosas
y sus dientes confunden a las perlas,
¿puede pasar, con tu permiso,
o ha de irse por alguna circunstancia?

XII

ABŪ ŶA'FAR SE HABÍA REBELADO CONTRA LOS
ALMOHADES Y SE AUSENTA DE GRANADA. ḤAFSA
LLORA SU AUSENCIA.

Envío un saludo, que los cálices de las flores abre
y hace zurear a las palomas de las ramas,
a quien ausente está, pero mora en mis entrañas,

146

aunque de verlo mis ojos están privados.
No creáis que vuestra ausencia me hace olvidaros,
eso ¡por Dios! no sucederá jamás.

XIII

Si no fuera un astro, mis ojos estarían en tinieblas,
al estar él lejos, sin su luz;
el saludo de una afligida llegue a aquellas cosas bellas,
felicidad y alegría que se fueron con él.

XIV

Preguntad al palpitante relámpago en noche serena,
si me ha hecho recordar mis amores a medianoche;
pues ha vuelta hacer palpitar a mi corazón
y me ha dado la lluvia que cae por mis mejillas.

XV

ABŪ ŶAʿFAR ES EJECUTADO POR LOS ALMOHADES Y
ḤAFṢA SE PONE DE LUTO A PESAR DE LAS AMENAZAS.

Por vestirme de luto me amenazan,
por mi amado que a hierro mataron;
¡Dios sea clemente con las lágrimas generosas
y los llantos por el que mataron sus enemigos!
¡Las nubes del crepúsculo rieguen su tumba,
allí donde se halle,
con la misma generosidad que tenían sus manos!

Edición de Louis di Giacomo "Una poétesse grenadine du temps des almo-
hades, Ḥafṣa Bint al-Ḥajj", *Hespéris*, X (1949), 1-101.

Qasmūna hija de Ismael el judío
(siglo XII)

Su padre era poeta; alguna fuente le hace descendiente de Ibn Nagrella, el célebre ministro y poeta en hebreo del rey Bādīs de Granada en el siglo XI, y le enseño su arte. Hacía moaxajas: su padre decía un verso y ella componía otro. Los poemas que se conservan de ella, aunque son plenamente árabes, tienen alguna resonancia bíblica, como les sucedía a los poetas hebreos de al-Andalus.

I

QASMŪDA SE MIRÓ EN UN ESPEJO Y, AL VERSE
HERMOSA Y AÚN SIN CASAR, DICE:

Veo un jardín que se encuentra en la sazón,
pero no veo al jardinero que recoja sus frutos;
se pierde la juventud inútilmente,
y queda sólo lo que no quiero nombrar.

II

A UNA GACELA QUE TENÍA:

¡Oh gacela!, paces en mi jardín siempre,
a mí te pareces en soledad y en ojos negros;
solas estamos las dos, sin dueño.
¡Soportemos con paciencia el decreto del destino!

Nafḥ aṭ-Ṭīb, III, 530

Sa'duna Umm As-Sa'd Bint 'Iṣam al-Ḥimyarī de Córdoba (siglo XIII)

De nuevo es una poetisa que pertenece a una familia de intelectuales y literatos, sin que tenga hermanos varones, por lo que tanto ella como su hermana Muhŷa, de la que se conservan poesías, se constituyen en herederas y transmisoras de la herencia cultural familiar. Es la única poetisa de la que se conserva un poema religioso, cuyo tema es la devoción a Mahoma, práctica religiosa que comienza a desarrollarse plenamente en al-Andalus en el siglo XIII y que culmina con la introducción del Mawlid o fiesta del Nacimiento del Profeta.

I

GLOSA AL VERSO DE SU TÍO AMIR: BUSCO LA IMAGEN
DE LAS SANDALIAS DEL PROFETA, PUES NO HE
HALLADO FORMA DE BESAR LAS AUTÉNTICAS:

Quizá puede besarlas en el jardín del Paraíso,
el lugar del descanso del mediodía,
a la sombra bienaventurada, pacífica y segura,
bebiendo las copas del río Salsabil[14]
con el que lavaré la languidez de mi corazón
y calmaré la ardiente sed que lo devora.
¡Siempre los enamorados buscan su curación
en los restos del campamento de sus amados![15]

14 Nombre de un río del Paraíso musulmán.
15 En la poesía pre-islámica la poesía amorosa comenzaba siempre con el
canto elegíaco de las ruinas del campamento de la amada.

SA'DUNA UMM AS-SA'D BINT 'IṢAM AL-ḤIMYARĪ

II

GLOSA DE UN REFRÁN ÁRABE "LOS PARIENTES SON
ESCORPIONES"(16), POEMA TRANSMITIDO POR EL NIETO
DE SA'DŪNA.

Hermánate con los extraños
y no te aproximes a los próximos;
los parientes son como escorpiones
o peor que escorpiones.

Nafḥ aṭ-Ṭīb IV, 166-167.

16 El refrán está basado en la proximidad fonética de la palabra "parien-
tes" y "escorpiones": Aqārīb, 'aqārīb.

156

Zaynab de Almería
(siglo XIII)

No existe dato alguno de esta poetisa sino su origen almeriense; tal vez su carencia de genealogía nos indique que era una esclava. Por razones historiográficas, no aparece mencionada en las antologías poéticas que se compusieron en el XIII y sí en un autor que murió a comienzos del XIV. La suponemos de finales del siglo XIII. Sólo se conserva un poema que incluimos porque tal vez sea el último poema femenino en que se dibuja un sentimiento semejante al del amor cortés —sometimiento al amante— y una posible crítica a la actitud masculina hacia el amor.

I

¡Oh tú que cabalgas
en busca de la satisfacción de tus deseos!
¡Deténte un instante
para que te diga lo que yo siento!
Los hombres no se preocupan del amor que sienten,
aunque mi pasión está por encima de la suya:
me basta con que mi amante esté satisfecho y feliz,
y por su amor me esforzaré hasta el final de los días.

Nafḥ aṭ-Ṭīb, IV, 686.

Umm al-Ḥasan Bint Abī Ŷaʿfar at-Ṭanŷālī
de Málaga (siglo XIV)

De una linajuda familia de cadíes —su padre, su herma-
no y posiblemente su abuelo materno pertenecieron a
la magistratura musulmana del Reino de Granada—, reci-
bió una completa educación en la que no faltaron los estu-
dios de medicina, ciencia que llegó a enseñar y posible-
mente a practicar. Su poesía es la típica de su época: un
ejercicio retórico sin inspiración. Pero tiene el interés de ser
la única muestra de poesía femenina del reino de Granada.

I

PANEGÍRICO A RIDWĀN[17]

Si preguntan quién es entre la gente
quien posee virtud, gloria y grandeza legítimamente,
diré que es Riḍwān, único en su tiempo,
cuando el tiempo es avaro en hombres como él.

II

La buena letra no es útil para la ciencia:
es sólo un adorno del papel;
el estudio es mi meta y no aspiro a nada más,
pues la ciencia permite al joven elevarse sobre la gente[18]

Iḥāṭa de Ibn al-Jaṭīb. Ed. 'Inān, El Cairo, 1973, I, 380-381.

17 Ministro de los reyes de Granada Yūsuf I y Muḥammad V. Era de origen
cristiano y fue asesinado en el año 1359.
18 Umm al-Hasan parece ya responder a la imagen del médico con mala
letra y tal vez el rechazo de una ocupación femenina por dedicarse a algo
más serio que la caligrafía. A este poema un desvergonzado le contestó con
otro en el que le decía que la mucha ciencia llevaba a la miseria y que
mejorase su letra para bien de la gente.

Índice de láminas

ESTE LIBRO
SE TERMINÓ DE IMPRIMIR
EL DÍA 19 DE JUNIO DE 1990

بِسْمِ اللَّهِ الرَّحْمَٰنِ الرَّحِيمِ

وَيَهْدِي إِلَيْهِ مَنْ أَنَابَ

وَلَنَهْدِيَنَّهُمْ سُبُلَنَا

صَدَقَ اللَّهُ العَظِيم

TÍTULOS PUBLICADOS